Gisela von Wysocki
Die Fröste der Freiheit

Die Essays dieses Bandes geben Beschreibungen der kühnen oder der entgleisenden Sprache der Frauen. Diese Sprache ist an keine Freiheit »gewöhnt«, sie ist vielmehr beschwert von den ungedeuteten und ungelebten Phantasien über ihr eigenes Geschlecht. Das Weibliche ist ein Energiefeld, das dort in Bewegung gerät, wo Frauen die Grenzen ihrer »Bestimmung« in ihrem Leben und in ihrer Sprache überschritten haben und in die »Fröste der Freiheit« aufgebrochen sind. Damit werden sie zu Deserteuren einer Kultur, in der sie als Gefangene gehalten werden.

Gisela von Wysocki, geboren 1940 in Berlin, studierte dort und in Frankfurt am Main Philosophie, Musikwissenschaft und Soziologie. Sie lebt als freie Autorin in Frankfurt am Main. Veröffentlichungen: *Peter Altenberg. Bilder und Geschichten des befreiten Lebens* (1979); *La Lanterna Magica. Ombre, Immagini, Figure di Donne* (1979); Aufsätze im *Kursbuch,* in der *Schwarzen Botin* und in *Frauen und Film.*

Gisela von Wysocki
Die Fröste der Freiheit
Aufbruchsphantasien

Syndikat

CIP-Kurztitelaufnahme der Deutschen Bibliothek

Wysocki, Gisela von:
[Sammlung]
Die Fröste der Freiheit: Aufbruchphantasien /
Gisela von Wysocki. – Frankfurt am Main:
Syndikat, 1980.
  ISBN 3-8108-0157-7

© Syndikat Autoren- und Verlagsgesellschaft, Frankfurt am Main 1980
Alle Rechte vorbehalten
Umschlag nach Entwürfen von Rambow, Lienemeyer und van de Sand
Motiv: Frida Kahlo, »La Columna Rota«
Produktion: Klaus Langhoff, Friedrichsdorf
Satz: Main-Taunus-Satz, Eschborn
Druck / Bindung: Fuldaer Verlagsanstalt
Printed in Germany
ISBN 3-8108-0157-7

Inhalt

Vorbemerkung

Der Philosoph Georg Simmel beschrieb in seinem Aufsatz »Weibliche Kultur« die besondere »Anmut« und »Schönheit« der weiblichen Bewegungen. Ihre Eigenart erklärte sich Simmel damit, daß sie an Räume gebunden seien, in denen es »nichts mehr zu erobern gibt.« Frauen wie Sylvia Plath, Virginia Woolf oder Unica Zürn haben diese schöne Idee des begrenzten Raumes verletzt. Jenseits dieses Raumes aber fanden sie nur ein Vakuum vor, das schon zum Kraftfeld des Todes gehört. In fremden, neuen Sprachen beschrieben sie den »freien« Raum, in den sie vorgedrungen waren. Sie waren Zeichenbildnerinnen »des Weiblichen«, ohne in seiner Geschichte zu wohnen; ohne in ihr Wurzeln schlagen zu können. Ich lese ihre Texte, sehe ihre Bilder mit einem anderen Blick als die von Heinrich Mann, Brecht oder Artaud. Die weibliche Schrift ist an keine Freiheit »gewöhnt« (Virginia Woolf): sie ist beschwert von den ungedeuteten und ungelebten Phantasien über ihr eigenes Geschlecht. Diese unausgesprochenen Bedeutungen sind es, die das »weibliche« Schreiben und Sehen konstituieren; nicht Inhalte, nicht Konzepte.

Das Patriarchat erarbeitete sich ein homogenes Bild der Welt. Das ist seine geschichtliche Leistung. Das, was »innen« war, subjektive Fähigkeit, durfte nach außen treten. Es durfte zu Häusern, Brücken, Autos, Schiffen werden. Es durfte zu Licht werden, zur Schrift, zur Reklametafel und zum Manifest. Es zauberte Mythen, Werte, Bedeutungen hervor, ließ sie zirkulieren, altern, ersetzte sie durch neue.

Inzwischen haben sich die Systeme der Arbeit, der Ideologien, der Techniken und Traditionen zu einer Alptraum-Ordnung verhakt. Sie haben Mühe, sich die reglose Höhe des Fortschritts zu erhalten. Immer weiter frißt sich die Kultur des Patriarchats in die fremde Bewegung der Natur und verwandelt sie in das eigene künstliche Leben. Der Prozeß der Versteinerung ist weit fortgeschritten. Die »Dialektik des Fortschritts« ist endgültig stillgestellt.

Die Frau muß erst ganz zur Fremden werden in dieser Arena der männlichen »Siege«. Aber ihre Freiheit hat kein anderes Bild vor Augen als den Schrecken, den sie hinter sich läßt. Ohne Methode muß sie sich auf den Weg machen. Das, was sie schon kennt, wird ihr keine Orientierung geben. Im Gegenteil. »Ihr Auge ist an eine Evidenz gewöhnt, die eben das versteckt, was sie sucht« (Luce Irigaray): aus Angst vor der Armut ihrer eigenen Geschichte wird sie zur Komplizin des Mannes.

Die Texte und Bilder dieses Buches deuten auf chaotisches, zerstückeltes Leben. Sie markieren Episoden, Bruchstücke. Es sind Beschreibungen von Aufbrüchen, Protokolle der Überschreitung. Es sind »Prozeßakten« weiblicher Deserteure. Eine gefährdete, verwegene und schmerzhafte Ebene wird bezeichnet. Von dieser Höhe fällt der Blick auf immer neue Bilder, immer neue Rätsel, immer neue Fernen.

Nur in ihnen öffnen sich aber die geschlossenen Augen der Geschichte. Die unbewußte Genealogie des Weiblichen tritt aus dem Dunkel hervor. Ihre undeutliche Schrift, die schwer zu entziffern ist, weist auf andere Möglichkeiten des Lebens als die Neonschrift des Patriarchats. Deren helles Licht fällt auf Steine, ohne die Risse zu zeigen, die zwischen ihnen sind und die immer größer werden.

Die Magie der Großstadt
Marieluise Fleißer

Der Ort, den sie mit achtzehn Jahren verläßt, stellt sich dar in einer einfachen Geometrie: die eine Hauptstraße führt von Ost nach West, die andere von Süd nach Nord. Im Zentrum der Stadt, Ingolstadt, schneiden sie sich. Es gibt die Donau, die Donaustraße, den Schwimmclub und das Gymnasium in Regensburg.

Ich stelle mir dieses Leben vor, in der Provinz, in der Familie. Der Vater handelt mit Eisen, der Freund mit Tabak. Die Vorgärten bewachen die Häuser, die Häuser bewachen ihre Bewohner und diese bewachen sich gegenseitig, auf Schritt und Tritt. Ein Terrain der Verzichte, und es gibt kein Entkommen. Von hier aus unternimmt Marieluise Fleißer ihren unbestimmten, großen Aufbruch in die Freiheit, in die Großstadt, in die »Welt« der anderen. Dieser Blick auf eine blendende Verheißung ist der Rohstoff, ist das dramatische Objekt ihres Schreibens. Für sie wäre es besser gewesen, wenn sie das, was sie sah, nicht so genau hätte sagen können. Der Vorrang des Sehens und Sagens vor dem Leben macht die Signatur der Fleißerschen Dichtungen aus. Früh hat es eine ungemäße, schmerzende Fähigkeit der Sehkraft gegeben, die sich nicht eindämmen ließ. Von nun an führt der Weg in die hellste Gefahr.

Als junge Schülerin schon tut sie Verbotenes: sie lernt Latein, Physik und Chemie im nahegelegenen Regensburg, weil weibliche Schüler das in Ingolstadt nicht durften. Sie besucht die Regensburger Klosterschule, wo die Lehrerinnen Schleier tragen auf ihren rasierten Köpfen und sich feindselig gegen alles kehren, was jung und weltlich ist. »Alles, was ich hier gelernt habe«, schreibt die Fleißer, »war für mein Leben falsch. Ich wurde erzogen, zu gehorchen, und man gewöhnte mich daran, nichts von dem zu verraten, was ich fühlte oder wollte.«[1] Da sie nicht reden darf, verbündet sie sich mit dem Schweigen. Sie legt sich eine eigene Lesart der Wirklichkeit zurecht, die »bestimmt« ist von einer »Reihe von Beschwörungsformeln«, wie Walter Benjamin schrieb. Der Zuschauerraum des Ingolstädter Stadttheaters ist der Ort, mit dem sie die Heimlichkeit und Dunkelheit ihres Sprechens teilt. Er ist eine ideale Höhle, verschwiegen und pathetisch; im künstlichen Licht ein

Ort der Manien und der Sehenswürdigkeiten des fremdesten Lebens. Zu Hause schon beginnt das Abenteuer mit der Verwandlung der Eltern, die sich auf das abendliche Fest vorbereiten. Die Türen der Wäschekommode klappen auf und zu. An der Schmiedehand des Vaters blitzen Brillanten, und die Mutter trägt einen merkwürdigen Umhang mit Keulenärmeln. »Mein Vater . . . rannte mit einer geheimnisvollen Bartbinde herum, weiß war sie, gespensterhaft. Wenn er die weiße Klappe von seinen Lippen löste, zeigte sein Schnurrbartbürstchen zärtliche Spitzen, nur küssen durfte ich ihn nicht.«[2]
Tumult der Feen und Räuber, Wildnis der Landschaften und Wohnstuben! Feuerspeiendes Schicksal dieser Personen im Bühnenraum, die leben! leben! In schnellen Glücksblasen steigt der gemeinte Traum an die Oberfläche. »Ich pumpte mich voll mit einem Kunstgenuß, auch wo er fragwürdig war. Heirate mich, Leonhard! Ich schlang es hinunter.«[3] Verführbar, ohne Kompromiß taucht das Auge in fremde Bereiche: »ich zuckte nicht mit der Wimper«. In welcher Richtung liegt das unausdenkbare Universum der Zukunft? Die Wirklichkeit dagegen erscheint analphabetisch; ohne eigenes Bild. Die einzig sichtbare Bewegung zeigt sich im Sog der Windmaschinen und in den sich vertauschenden Wänden und Personen in der Kulisse. Die richtigen Sterne stehen nicht über Ingolstadt, sondern am Bühnenhimmel des Stadttheaters.
Im Sommer 1919 läßt sich Marieluise Fleißer bei den Theaterwissenschaftlern in München einschreiben: als wolle sie von innen heraus das Prinzip der Imaginationen begreifen. Zum ersten Mal ist sie in der Großstadt. Die falsche Nähe der Kleinstadtbeziehungen tauscht sie ein gegen das kühle Nebeneinander der Menschen, die sich in den Straßen begegnen, ohne sich doch zu kennen. An der Universität trifft sie einen Mann, der sich »Jappes« nennt: ein Luxemburger, der, in abenteuerliche Gewänder gekleidet und in seltsame Geschäfte verstrickt, wie ein Bühnenheld zwischen Oberwelt und Unterwelt hin und her pendelt. Marieluise Fleißer spürt sofort, so schreibt sie, »das Interessante« seiner Existenz. Als Pariser Apache, als Hochstapler erscheint er ihr; als Führer durch das städtische Labyrinth. In einer der ersten Erzählungen, »Der Apfel«, tritt er auf wie der Held aus einem Comic-Heft: als sexuelle Inkarnation männlicher Märchenhaftigkeit. Seine Erscheinung ist zusammengesetzt aus erotischen Zeichen und hat die Bedeutung einer süchtig machenden Droge. »Kräftig war er und behend, er spielte Fußball und schrieb. Er hatte die Augen von einem hochherzi-

10

Marieluise Fleißer

gen Räuber. Tat er es mit dem Gang wie ein Panther, mit seinem freien Hals, tat er es mit den Augen, in denen tief ein Rätsel steckte und an ihr ritzte, tat er es mit dem Lächeln, das übersprang?«[4]

Marieluise Fleißer träumt den Traum der erlösten Frau, die der Mann aus ihren Beschränkungen fortträgt zu fernen, ungesehenen Welten. Der Mann, der weitgereiste Held, »der Fliegende Holländer«, von dem sich die Frau an die Hand nehmen läßt, ist der Mittler zur Wirklichkeit. Dieses Bild liegt als Bann und Hoffnung über der weiblichen Wunschwelt. Aufbruchsphantasien von Frauen sind anfällig für den Kompromiß: sie delegieren entscheidende Aktivitäten an den Mann. Leicht akzeptiert ihn die Frau als Geburtshelfer ihrer Utopien. »Das Wunder, das Abenteuer, der Meister, der Blick, die Beute, die Lust, die Rettung« (S. de Beauvoir): so spiegeln die weiblichen Mythologien den Mann. Sie entziffern an ihm eine drängende Flut bedeutungsvoller Zeichen, transzendenter Wirklichkeiten.

Projektiv übersetzen sie die rein instrumentelle Macht der Männer in die Sprache des Körpers und in den expressiven Kanon einer eindringenden Fremdheit.

Die Entzifferung dieses weiblichen Wunschfluidums ist für die Fleißer eine Form der Selbstanalyse. Im Sog einer fetischistischen Objektwelt, nicht jenseits davon, hat sie sich plaziert. Ihre Logik des Fühlens und Verstehens geht mitten durch das Halbdunkel täuschender Systeme. Als magisch beleuchtete Monade erscheint jede Einzelheit des bewunderten neuen Lebens. Die Großstadt, der Mann, der berühmte Name, das geschriebene Wort. In München, dessen Glanz ihr vor den Augen flimmert, lebt Marieluise Fleißer, halb verhungert und ohne die Miete für ihr Schwabinger Zimmer zahlen zu können. Aber sie spürt die Weite der Stadt lustvoll, von den Rändern aus möchte sie näher an die Mitte rücken. Sie schaut hoch zur Eleganz und Schönheit der Städter, die schon zu den Großen gehören.

Die ersten Texte, die sie schreibt, bringt sie dem Autor Lion Feuchtwanger in die Wohnung. Ein Kindheitserlebnis, eine Internatsgeschichte, einen Aufsatz mit dem Titel »Ist Auflehnung Sünde?« Sie schreibt so, wie Kinderzeichnungen sind, naiv, direkt, sentimental. Feuchtwanger bezeichnet ihre Texte als verkrampften Expressionismus: »Es komme jetzt eine ganz andere Richtung auf, die sachlich sei und knapp, in ihren Umrissen deutlich, und daran müsse ich mich halten«, schreibt Marieluise Fleißer.[5]

Durch Feuchtwanger lernt sie Bertolt Brecht kennen: »Er war auf

12

Anhieb genial, frech wie ein junger Gott und eines Maschinenzeitalters liebstes Kind.«[6] Brecht steht noch am Anfang, aber vor Augen hat er schon das »Theater der Zukunft« für den neuen Menschen des 20. Jahrhunderts. »Im Dickicht der Städte« und »Mann ist Mann« heißen programmatisch seine ersten Stücke. Das ist radikale Kritik an bürgerlicher Ästhetik, am vernebelnden Idealismus der »Gesinnung«, an der Maskenkultur, die den Kriegszustand der Gesellschaft verbirgt. Da ist mit knappen, neuen Mitteln ein Genie am Werk. Von der neuen Literatur, um die es ihm geht, hat Brecht genaue Vorstellungen. »Wünschenswert ist die Anfertigung von Dokumenten. Darunter verstehe ich: Monografien bedeutender Männer, Aufrisse gesellschaftlicher Strukturen, exakte und sofort verwendbare Information über die menschliche Natur.«[7] Um den jungen Brecht, der von Augsburg her auch ein Stück Provinzleben mitbringt wie die Fleißer, gibt es Auseinandersetzungen und Skandale. Im Publikum ohrfeigen sich im Streit um ihn die Leute.

Die Fleißer, mit der Lust am Melodrama, überläßt sich fasziniert diesen Inszenierungen des Kampfes und der Katastrophen. Das Leben in der Großstadt beginnt sie zu genießen. Sie fühlt sich angekommen in der Welt eines temporeichen fiebrigen Glücks. Sie steht direkt an den Vorposten der Wirklichkeit; sie gehört zur »Avantgarde«. Mädchen kommen in die Großstadt, schreibt Siegfried Kracauer 1929, um »wie Kometen durch die Angestelltenwelt zu schweifen«.[8] Eine Idee wird zur Sensation: sich zu lösen mit einem Sprung aus einer langen Geschichte der Bedeutungslosikeit. Das Paradies von Metropolis leuchtet in tausendfarbigen Gesichtern, mit fremdartigen Stoffen und Materialien. Das Leben in der Stadt, in den Zentren eines neuen »sachlichen« Lebensgefühls, zerfällt in überschaubare Ressorts. Die Mode propagiert das Ideal des souveränen Körpers: die Ästhetik der Geschlechtslosigkeit macht glauben, Frauen und Männer bewegten sich in einer gemeinsamen Realität. Eine schutzlos unbestimmte Sehnsucht nach einem Leben jenseits der Herrschaft der »Sachen« und facts bleibt zurück. Aber die ungenauen Intentionen, die getarnten Absichten, das Ensemble der un-öffentlichen Erfahrungsweisen der Frauen liefern sich fremder Überarbeitung widerstandslos aus. Wagemutig steht die Fleißer im Zentrum dieser Problematik. In ihren Dichtungen wahrt sie die Spuren eines heroischen Selbst, während sie gleichzeitig den Glanz der Moderne abtastet mit dem phantastischen Verlangen nach der männlichen Verführung; nach den Redeweisen der »Welt«.

Die Begegnung mit Brecht und mit der Großstadt wird Marieluise Fleißer später in einer Erzählung beschreiben (»Avantgarde«), die sie »Das Trauma« nennen wollte. Zuschauend läßt sie sich ergreifen vom Pathos des Starken; dann geht sie darin unter. Erst noch Komplizin, erkennt sie dann nicht den Wendepunkt, an dem sie nur noch gibt und folgt – und nichts mehr zurückerhält. Das Stereotyp der »Braut« ist jene Projektion der Weiblichkeit, der die Fleißer am nächsten steht. Hannah Höch hat 1927, in einem Akt der Enttarnung, die »Braut« mit einem Kinderkopf gemalt. Die Augen am riesig glotzenden Kopf sind in die Höhe gerichtet. Am Arm des Mannes steht die Braut im gerafften Kleid wie eine Schaufensterfigur. Der Mann ist Scharfrichter oder Bräutigam, im Frack und glattrasiert. Das steht auf einem Sockel. Schwerelos umkreisen, wie Seifenblasen süßlich, melodramatische Embleme das Paar. Ein Embryo mit einem Apfel fliegt vorüber, tränenvoll blickt ein gefiedertes Auge. Die Träume wie geronnen, steigen als Flugobjekte zum Himmel auf; die Braut schaut ihnen hinterher. Die Braut ist die Frau als Geführte. Bild der Verfallenheit, Kindheit eingemeißelt.

Solche Bilder malt auch die Fleißer; selber sichtbar geblieben, mit eigenen ungelöschten Zügen.

Die Reise nach Berlin, in die Metropole, zum Theater und zum Erfolg ist wie eine Reise in das vibrierende Zentrum des Lebens. Jetzt wird es sich zeigen. Es wird herausfallen aus den Kulissen und vor den Vorhang treten; aus den farblosen Büchern gleiten. Es wird aus den Flächen ihrer Träume aufsteigen, vielfältig, großartig, magnetisch. Marieluise Fleißer ist voller Pläne, fiebrig, gespannt. Sie will schreiben, schreibend zur Forscherin der Neuen Welt werden; sie denkt an einen Roman über einen amerikanischen Massenmörder, der gerade Schlagzeilen macht.

Die Begegnungen mit Brecht sind Feste der zweiten Natur, Panoramen der Gegenwart. Der menschliche Fortschritt stellt sich dar wie in einer Großaufnahme. Brechts Welt ist vergleichbar mit einem Schiff, das mit ihr auf eine Überseereise geht. Sie hat Fernweh nach der Zeit, in der sie lebt.

Auf diesem Schiff werden Aufmerksamkeit und Konzentration verlangt; nach allen Seiten und in allen Situationen. Am hellichten Tag besucht man einen Wildwestfilm, der Exotismus ist überall. Die Phantasien stehen unter neuer Beleuchtung, Konturen schärfen sich, werden deutlicher. Nur noch Bewegungen und Aktionen zeigt das Kino,

Hannah Höch, »Die Braut«, 1927

keine Menschen. Die Kausalität im Übergang der Szenen gibt sich nicht zu erkennen. Alles ist wahr und wirklich; alles ist denkbar. Ein Blumenfilm zeigt im Zeitraffer, wie Blumen wachsen, sich öffnen und leben. In diesen Tagen mit Brecht wird sie vertraut mit einem seltsamen unbekannten Gefühl. Sie nennt es »die Fröste der Freiheit«. »Sie muß lernen zu frieren«; lernen, zu kämpfen, ohne sich etwas dabei zu denken.[9] Vor allem ging es um die »Sache«: um die einmal gestellte Aufgabe, um Macht, Härte, Erfolg und »Genie«. Sie lernt »den Mann« zu sehen, Bertolt Brecht, den Menschen-Dompteur, den Städte-Mann. Er ist der Rausch und die Vernichtung, der Kältestrom, der sie erstarren läßt. Er ist die »Avantgarde« und der Vorposten des Lebens. »Mit Worten schwang er die Peitsche. Er ragte um einen Schuh über einen hinaus, stand im ganz anderen Raum, man wußte nie, worauf er verfiel. In der Kunst war er der Mann, der schon was konnte. Seine Kunstmittel waren so einfach, er brauchte dafür nicht einmal viel. Aber wie er es stellte, das saß, es traf eben den Punkt. Der Mann unterminierte und der Mann faszinierte.«[10]

Einmal erzählt sie ihm, daß in Ingolstadt die Soldaten eine Brücke bauen. Wie eine große Woge hat das Abenteuer die Stadt erfaßt. Bertolt Brecht, während sie berichtet, hat die Figuren des Spektakels schon fertig im Kopf; bühnenfertig. Sie soll ein Stück schreiben, die Figuren füllen mit Text und Leben. Der Versuch, den sie macht, scheitert; ihre Sprache ist nicht gemacht für die Soldaten. Sie kämpft um den Text, um Anerkennung. »Sie turnte im Kopf«, schreibt sie später über ihre Versuche, denn sie will nicht zurückweichen vor der soldatischen Realität, die sie beschreiben soll.

Brecht, selber ein Soldat unter den Verhältnissen der Moderne, diktiert ihr, das Stück fertigzustellen. Ihre Konfusion ist grenzenlos; im buchstäblichen Sinn verlernt sie das Schreiben. Die Premiere (»Pioniere in Ingolstadt«, 1929) ist ein Skandal: das Stück gerät zwischen die politischen Fronten der liberalen und der nationalen Politik. »Die Zeit hatte ihre besondere Schärfe, sie war schon mit dem aufgeladen, was hinterher kam. Die Einsatzleute pfiffen schrill auf den Schlüsseln, von den Rängen brandete es herab. Es wurde ein hochgezüchteter Theaterskandal.«[11] Von der Presse wird Marieluise Fleißer angefeindet, ihre Leute zu Hause in Ingolstadt erklären sie für vogelfrei, vom Vater erhält sie Hausverbot. Bertolt Brecht, der »kommende Mann« von Berlin, läßt sie fallen im Augenblick ihrer Niederlage. Er wollte ihren Erfolg, ihr fertiges Produkt. Er wollte die Zeitgenossin, das Überlebens-Genie, den Kumpel in der neuen kälteren Landschaft der Städte. Für Brecht ist das Unglück, der Mißerfolg der Freundin wie der Beweis eigener Inkompetenz. Ihre Niederlage löscht er aus wie einen dunklen unsauberen Fleck, der die zeitgenössische Montur seiner Person verunreinigt. Er verläßt sie, die von der Großstadt Verstoßene, ohne sie noch einmal wiederzusehen.

Ein Film aus diesen Jahren ist Walter Ruttmanns »Berlin: Symphonie der Großstadt«. Er zeigt die Menschen in den Straßen der Stadt als geisterhafte, feldgraue, körperlose Schattenwesen. In einer unendlichen Bewegung huschen sie vorwärts unter dem Dach der dahinziehenden Fabrikabgase. Die Menschen erscheinen wie Kolonnen zweckmäßig uniformierter Soldaten des Kapitals. Die Frauen, gleichberechtigte Partnerinnen der Männer, erobern sich ein Stück Realität in den städtischen Bürosilos, an den Verkaufsständen der großen Warenhäuser, in den öffentlichen Zentren des »Amüsements«: in den Tanzpalästen, Kinos und Varietés. Sie haben sich mit dem Bubikopf – dem Bubenkopf – Wirklichkeit erkämpft. Aber den politischen und ökonomischen Rückschritt am Ende der Zwanziger Jahre beantworten viele von ihnen mit dem klaglosen Rückzug in die eigenen vier Wände. Auch auf die Situation der Fleißer wirken sich die Verhältnisse aus; 1932 kehrt sie nach Ingolstadt zurück. Sie emigriert in die Provinz in einem Augenblick, wo das Leben auch in den Metropolen dunkelste Enge und Beschränkung wird; wo es selber tendenziell Provinzleben wird. Was die Frauen von der Politik der Faschisten für ihre Zukunft zu erwarten hatten, beschreibt Ernst Bloch, noch bevor es ganz Wirklichkeit wurde (1937): »Aufstiege kamen nur im Film vor. Es gibt nicht leicht so viel einsames Elend auf einem Fleck wie bei der akademischen Junggesellin. Dienstmädchen und Hausfrau sind dem Nazi die Pole der Weiblichkeit, die einzig wahren. Und das ist die Erfüllung der antikapitalistischen Lebensträume: Schlangestehen, Strümpfestopfen, Stumpfsinn und zuletzt der Krieg.«[12]

In Ingolstadt, 1935, heiratet Marieluise Fleißer den Tabakwarenhändler Bepp Haindl: einen sportlichen, trainierten Schwimmer, eine verläßliche Größe im Leben. Er präsentiert sich mit überschaubaren Fertigkeiten. Er zeigt ihr, wie man nach dem Schwimmen ans Ufer der wilden Donau zurückgelangt, ohne abgetrieben zu werden. Sein Kopf aus Eisen schien für den Körper zu klein, die Armmuskeln konnte er spielen lassen. Wie die Kleinstadt, in der er lebt, ist dieser Mann für die Fleißer ein Stück »Erdendreck«. »Das Beste an ihm waren die Beine, die waren schön ausgestreckt und zügig vom Schwimmen. Sonst war er schwarz wie die Nacht. Seine Haut war wie Farnkraut gesprenkelt und hatte diesen scharfen Geruch vom tiefen gärenden Wald, man hätte ihn gut in den Wald stellen können, bis das Moos auf ihm wuchs, dort zu den Pilzen. Schwer war seine Hand und sein Haar aus Pech wie eine Kappe.«[13] Sein Griff, an der Donau noch so ungefährlich, wird sie immer mehr in alltägliche Gefangenschaft nehmen. Sie wird, von ihm geschoben und gedrängt, in dem kleinen Tabakladen Verkäuferin werden; sie wird ihrem Schreiben und der Großstadt abschwören; sie wird eine Ingolstädterin werden.

Aber die Ehe gibt Schutz vor den Mitbürgern, die als Gegner besonderer Art zu fürchten sind: sie treten in der anonymen Gestalt des kollektiven Gedächtnisses auf. Es deutet die Eigenarten der Fleißerschen Biographie, den unbescheidenen Aufbruch in die städtische Welt als Verrat. In den Konnotationen des provinziellen Denkens trägt die Fleißer die Züge der Hexe. Sie ist die Fremde, die eine spezielle Kunst beherrscht: das Schreiben. In dieser Fähigkeit präsentiert sie eine kulturelle Überschreitung.

Nach einem Nervenzusammenbruch sagt sie in der Anstalt zu ihrem Arzt: ich kann nicht leben und ich kann nicht sterben, ich muß schreiben. »Ich versuchte Männchen zu zeichnen, sie machten einen reduzierten Eindruck. Ich zeichne Mangelerscheinungen, fuhr es mir durch den Kopf, da hörte ich mit Zeichnen auf.«[14] Die Jahre, die noch folgen, vergehen in dem Versuch, Zeit zu gewinnen für die Erinnerung. Es entstehen einige biographische Erzählungen, die die Fleißer wie Analyse-Teile aus ihrer Geschichte abstößt. Die Dichtungen der Fleißer sind als Wunde nicht zu schließen. Sie hinterlassen im Leser eine schwelende Spur: präsentieren Systeme des Überlebens unter dem Vorzeichen des schmerzhaften Kampfes.

Fast ohne poetischen Klang, leuchten die Texte Marieluise Fleißers in die Düsterkeit der Verhältnisse nicht hinein; sie haben ihre Stärke im Aussprechen des Schreckens und des Verlusts an Leben. Jeder Satz ist ein eigenes System, ein Versuch, mit dem Material der Sprache eingeschnürte Natur und sich entziehendes Leben nachzubilden. Die Souveränität des Ausdrucks spürt in den alltäglichen Situationen das Drama auf. Eine Welt von Bestien im Hinterland der Provinz oder im Straßenlabyrinth der Großstadt entwickelt ihre eigenen Gesetze. Die Wahrnehmungen werden zu Meßinstrumenten. Sie schätzen ab und berechnen den Abstand des Eigenen zu der Welt da draußen. Die Welt wird zum Studienobjekt, das Schauen zum Taxieren. So dechiffrierte Marieluise Fleißer die stahlharten Modeideale der Berliner Frauen, entdeckte den industriellen Zuschnitt ihres schönen Bildes. »Da waren neue Köpfe aufgekommen, die hatten ihre Mode in sich. Die Haare trug man jetzt fliehend aus den Wurzeln heraus, das Gesicht hatte keinen Rand mehr. Verstohlen schaute sie die Genossinnen von der Seite an, sah tiefer hinein in die Züge. Sie hatten keine Leistung in sich selbst, kein eigenes Gesicht und keine gen Himmel schießende Flamme. Die Zeit hängte ihre Fahne über sie, auf der der Name stand dieser Kreatur: Girl. Die Männer liebten das Girl, gerade weil es nicht dachte.«[15] Eine schroffe Meisterschaft läßt die Sätze abbrechen als würden sie fallen gelassen werden. Sie behaupten sich nebeneinander mit der Festigkeit von Ruinen, die niemals zusammenbrechen werden. Walter Benjamin schrieb nach Erscheinen der ersten Erzählungen: »Sie hält wirklich nicht Abstand und streift, daß es schon mehr ein Rempeln ist, an den Dingen hin.«[16] Man ist in der Situation des reglosen Zuschauenmüssens. Dabei schärfen sich die Blicke wie Waffen. Sie treffen tödlich ins Zentrum der Objekte.

Die Texte erkennen den Feind hellsichtig: sie weisen auf die furchtbare Eigenschaft des Banalen, undurchdringlich zu sein an seiner schläfrigen Oberfläche. Das Banale ist endlos präsent; lückenlos. Es ist hypnotisierend. Als ob es die Welt Stück für Stück unter Wasser zieht. Dagegen ist die Sprache Marieluise Fleißers von der Unruhe erfaßt, die in den Großstädten ist. Sie ist Werkzeug. Wie ein Reißwolf zerstückelt sie, sondert aus, schonungslos. Marieluise Fleißer, emigriert aus der Großstadt und seßhaft geworden in Ingolstadt, schreibt Geschichten aus dem Alltagsleben der Provinz (aus dem Zentrum der Banalität) in der Sprache der Metropolenfrau. Diese Sprache trainierte sich zum Auge, das sich hindurcharbeitet durch die Komplexität der Systeme. In der Großstadt ist jede Farbe, jede Entfernung wichtig und hat die Bedeutung eines Codes. Der rigide Ort schafft Ordnungen für das Sehen, die nicht mehr verlassen werden. Der Blick übt sich, er wird überlebenswach, wie ein Blitz treffend.

Die Metropole ist der Ort einer strengen Choreographie. Für Marieluise Fleißer hat er, von frühen Phantasien des Aufbruchs gezeichnet, nie die Umrisse des Bühnenbildes verloren. Sie starrt wie aus dem Dunkel des Zuschauerraums auf die fremden Dimensionen. »Die Stadt ist riesengroß«, schreibt sie über München: die Häuser »fremd«, die Straßen »zu lang«, die Plätze »zu weit«. »Abgrund neben Abgrund.«[17]

Die Sprache wird eilig und genau wie Schritte. Die Zeit ist kostbar und sticht den Takt der Sätze wie ein Metronom. Man muß neben dem Fluß stehen, um ihn sehen zu können. Geübt in den städtischen Strukturen des Sehens, ist diese Sprache auf der Höhe der Zeit. Vor ihr enttarnen sich die Lebensformen der Banalität: das Alltagsleben, deren genaueste Analytikerin Marieluise Fleißer geworden ist.

So dringt sie tief ein in die Physiognomie der Moderne. Deren kalte Monstrosität, das Faszinosum »des Zeitgenössischen« bilden einen Sog, der sie anzieht und terrorisiert. Ein Text aus dem Jahr 1927, »Sportgeist und Zeitkunst«, analysiert Eigenschaften des »modernen Menschentyp«. »Was ist Sportgeist? Die einmal erzielte Leistung ist keine bleibende, sondern eine, die immer neu aus den feindlichen Trägheitsgesetzen des Körpers hervorgetrieben werden muß. Den Körper, der das Äußerste aus sich herausholt, scheint plötzlich eine fremde Gewalt zu ergreifen, ihn mit tollen Fähigkeiten zu durchdringen, sich seiner zu ihrer Sichtbarmachung zu bedienen. Sich herantreiben an die Nähe des Blitzes ist jene Leidenschaft, die den neuzeitlichen Menschentyp ausmacht.«[18] Anders als für Bertolt Brecht, der mit einem Boxer befreundet war und die Berliner Siebentagerennen besuchte (er hat die Anregung für diesen Essay gegeben), ist die Figur des »Spurters« für die Fleißer kein reales Vorbild, sondern eine Chiffre, ein romantisches Konstrukt.

Die Großstadt, die der weibliche Traum als Ort eines pathetischen und wilden Lebens sieht, hat ihre eigenen Helden. Deren Macht liegt in der Fähigkeit, die Ekstase des Lebens und die Ökonomie des Überlebens im Gleichgewicht zu halten. Der »Spurter« hat Vorsprung und Überblick. Diese modernste Figur des Zeitgenossen hat in der Beschreibung Marieluise Fleißers die Züge eines ins Zwanzigste Jahrhundert versetzten »Zarathustra«: übergelaufen von den Bergen, von der Wüste und vom Meer in das Terrain einer neuen Natur aus Eisen und Blech. Seine Bilderwelt ist die Schaufensterdekoration. Sein Körper, der »Hochspannung in sich hervorrufen« kann, bündelt Energien und zündet wie ein Blitz.[19]

Marieluise Fleißer, besessen von den immer wechselnden Gesichtern der Avantgarde und berauscht von ihnen wie vom Gift der Tollkirschen, ist bei ihrer Expedition in die Moderne in der Tat bis an das Podest des männlichen Maschinenwesens vorgedrungen. Sie ist die faszinierte Chronistin der patriarchalischen Kulturarbeit, ohne selber in ihren Organisationsformen verwurzelt zu sein. Ihr Voyeurismus bestimmt die Bewegung hin zu den Schauplätzen der Gegenwart; selber nannte sie sich »ahnungslos wie im Dschungel« und der Wahrheit nahe »wie ein Kind«.[20] Darum gibt auch ihr exterritoriales Auge in einem »Augenblick der Wahrheit« ungeahnte Perspektiven frei. Die Moderne verwandelt sich in eine Form des Exotismus. Der Klang der Maschine verändert sich. Deren Eigenschaften – Stärke, Geschwindigkeit, Beweglichkeit – geben dem »Spurter« den Körper des fliegenden Menschen, des Freien, des Künstlers. Die Luft fängt an zu singen im Sog seiner elektrischen Spur. Ihm zuzuschauen erweckt den Wunsch, Schwerkraft abzustreifen; »diesen Körper, der wir sind, größer zu machen«, schreibt Marieluise Fleißer mit der Lust der Frau, die sich radikal verändern möchte.[21] Ihr »Spurter«: das ist die Apotheose des Männlichen ohne seine ans patriarchalische Gesetz gebundene Herrschaftsform. Bild einer sich bewegenden, sich steigernden Natur, die souverän geworden ist: Natur, die die Stärke des Blitzes und der »Explosion« gewonnen hat.

Der Blick aus der weiblichen Provinz, nicht an die Totale gefesselt, sondern von außen auf die Einzelheit gerichtet, besitzt Spielräume der Freiheit und unbewußte Konnotationen. Der Zusammenhang des Einzelnen ist ein imaginärer. Die Frau sieht »einzelne Szenen«, schrieb die Fleißer anläßlich einer Zeitungsumfrage über das dramatische Empfinden bei Frauen.[22] Das Drama ist der Augenblick selber, die Einzelerscheinung, das Fragment. Darum, so Marieluise Fleißer, geht die Sprache der Frauen »unter die Haut«. Die Konstruktion, der Zusammenhang des atomisierten Lebens, spielt sich unsichtbar, im Unbewußten ab. Die aus der Totale herausgesprengte Einzelheit ist daher hoch dynamisiert; in ihrer konzentrierten Symbolik dramatisch zur Erscheinung gebracht.

Marieluise Fleißer hat zwei kaum beachtete Essays über Jean Genet und Buster Keaton geschrieben; darin lebt ihre Begeisterung, ein ungezähmtes Fasziniertsein. Nicht den Frauen gehört ihre Zärtlichkeit. Sie konnten unter den politischen Verhältnissen ja ebensowenig wie sie selber den Faden der Geschichte an der richtigen Stelle ergreifen. Genet und Keaton beantworten modellhaft die zentrale Frage Marieluise Fleißers: wie ist es möglich zu überleben, ohne auf das Glück zu verzichten und ohne den sich eingrabenden Stiefel des Herrn?

Genet und Keaton sind die hellspürenden Geschöpfe der modernen Wildnis: überwach, begabt, fähig, sich oben zu halten, von Fall zu Fall. Sie kennen die Gefahr, und das ist ihre »Chance«. »Buster kennt sich aus, er bewegt sich in einem Leben, in dem die schwierigen Dinge gelingen und die leichten danebengehen. Dann ist er ganz fliegende Sehne, in seine leeren Augen mit dem verdrängten Blick tritt die dunkle Schärfe von Pfeilspitzen, sein mageres Gesicht wird zufassend wie die Kinnladen eines jungen Hais.«[23] Marieluise Fleißer entziffert an den Außenseitern ihre eigenen Kämpfe ums Überleben; die eigene schwindelerregende Nähe zu den Abstürzen in die Labyrinthe der Moderne. Sie sieht diesen stürzenden und wieder auferstehenden Künstlern des Überlebens zu wie geliebten Brüdern. Marieluise Fleißer hat diese seltsamen neuen Wesen, die sich zwischen Leben und Tod in der Aspahltwüste der Großstadt behaupten, als Gestalten der Überschreitung beschrieben, als freie Körper, als Vogelfreie. Über Jean Genet heißt es, »nie wird er ein Angestellter, Vertreter, Beamter werden, nie ein Bürger sein. Der Weg in die Gesellschaft ist ihm auf immer verstellt. Die Existenz als Verbrecher wirkt dagegen wie Fortschritt, den Fährnissen Gewachsensein, Selbsthilfe im Dschungel. Er darf sich als Herr fühlen über seine Entschlüsse. Er richtet sich nach den eigenen Gesetzen, die auf die Dauer nicht weniger strenge Gesetze sind.«[24] Darin spiegeln sich wieder die Sterne von einst: das Spiel von Keaton und die Radikalität Genets sind verwandt mit den frühen grandiosen Phantasien des Mädchens aus Ingolstadt. Wieder steht es jetzt an Rändern wie damals, aber anderen. Die Reise zu den glitzernden, hochtourigen Lebenszentren des Patriarchats – zu den Großstädten und zur Großstadt-Sprache – führte weit über deren Grenzen hinaus.

In den »Wellen« der Wirklichkeit
Virginia Woolf

>»Er war Pedell, ich eine Frau. Dies war der Rasen; der Weg
>war dort. Welcher Gedanke mich zu einer so kühnen Über-
>schreitung veranlaßt hatte, daran konnte ich mich nicht mehr
>erinnern.«
>Virginia Woolf, *Ein Zimmer für sich allein*

Photographien zeigen sie in einem Gartenstuhl auf der Terrasse ihres
Hauses in Rodmell oder in Gesellschaft mit Freunden, rauchend, re-
dend, unter einem großen Sonnenhut. Das Gesicht hält sich fern. Es ist
wie ein unerwartetes Stück unbedeckter Haut an diesem Körper. Den
Freunden ist es zugekehrt durch seine Ironie: in der Ironie findet es seine Form der menschlichen Geselligkeit. Ohne sie ist das Gesicht von
einem Ausdruck der Tiefe und »Beseeltheit« gezeichnet, der wie unter
einem furchtbaren Überdruck von innen nach außen schlägt. Ein Bild
zeigt den Arbeitsplatz im Garten von Rodmell. Der Blick vom Tisch
aus fällt auf den Fluß, der hier am Garten vorüberfließt. Ein schattiger
Platz; der Schreibblock ist aufgeschlagen.
In ihrem Roman *Die Jahre* (1937) schildert Virginia Woolf die englische Vorgarten-Welt ihrer Kindheit mit ihren sanften und zugleich ter-
roristischen Gesetzen: »Sie überblickte die langgestreckte, säulenrei-
che Perspektive der Abercorn Terrace. Die Häuser mit ihren Säulen
und Vorgärten sahen alle höchst respektabel aus; ihr war, als sähe sie
in jedem Eßzimmer einen Stubenmädchenarm über den Tisch langen
und ihn zum Lunch decken. In einigen setzte man sich schon zum
Essen: sie konnte es durch die zeltartigen Vorhangspalten sehen.«[1]
Erst im Alter von drei Jahren, 1885, hatte sie begonnen, zu sprechen.
Fast könnte man auf den Gedanken kommen, daß sie sich der Sprache
von innen heraus in einer lautlosen Beschäftigung näherte, um sie
dann zu benutzen wie ein schon weit entwickeltes Instrument. Mit
neun Jahren gibt sie eine wöchentlich erscheinende Zeitschrift für ihre
Familie heraus, die »Hyde Park Gates«. Sie spielt die Erwachsene nicht
mit Hilfe von Hüten, Stöcken oder Schirmen, sondern mit Worten und

Sätzen. Im übertriebenen Zeitungsstil des *Punch* erfindet sie Geschichten von schrulligen Erwachsenen, von eingebildeten und lebensuntüchtigen Londonern, von komischen Liebespaaren. Von einer ganz aus Glas bestehenden Veranda aus beobachtet sie dann die Wirkungen ihres Schreibens auf die Verwandten. Sie möchte sich vorstellen, wie ihr eigener Vater, Leslie Stephen, dort zu sitzen, der ein Schriftsteller, ein großer Mann, ein viktorianischer Gentleman ist.

Seine Zeitschrift, das *Cornhill Magazine* veröffentlicht »Alltagsmärchen«. Sie bebildern in den Formen der Novelle oder Legende christliches Leben und viktorianische Moral. In diesen Geschichten mit Titeln wie *Cinderella, Die Schöne und das Biest, Jack, der Drachentöter* und in den Dichtungen Walter Scotts und Tennysons lernt die junge Virginia Stephen die Sprache des Vaters kennen: das fremde und staunenswerte Universum der Helden und Gentlemen. In ihren Ordnungen, die keine Nebensächlichkeiten, nichts Enges, Alltägliches duldeten, schien die Wirklichkeit sich auszudehnen. Sie bekam Höhen und Tiefen, Gesichter und Hintergründe. Die Dinge hatten ein anderes Aussehen als der abgenutzte und alltägliche Hausrat der nächsten Umgebung; sie existieren auch als Vorstellung und Idee, als Ideal.

Das Ideal scheint zum Greifen nahe. Es ist der Vater selbst, dessen Sprechen mit dem »Ewigen« in Verbindung steht, mit dem »Wesen« der Dinge, mit dem Ruhm, mit dem Fortbestand der Welt. »Es war sein Schicksal, seine Eigenart«, schreibt Virginia Woolf, »auf eine Landspitze hinauszukommen, die vom Meer langsam weggenagt wurde, und da zu stehn, allein wie ein vereinsamter Seevogel. Er besaß die Kraft, plötzlich alles Überflüssige abzuwerfen.«[2] Seine Welt ist die Wissenschaft, die Technik, die Wohltätigkeit, die Religiosität, das genau berechenbare, sichere Glück. Der amerikanische Literaturwissenschaftler Herbert Marder äußerte über die junge Virginia Stephen: »Ihre Suche nach dem Guten und Schönen bildete sich am Beispiel des Vaters, ihre scharfe Intelligenz entwickelte sich unter dem Einfluß dieses eigensinnigen und zugleich freundlichen Mannes.«[3]

Der Tod der Mutter, 1895, bricht wie eine Katastrophe in die Familie ein. Quentin Bell schreibt in seiner Biographie über Virginia Woolf: »Das Bild, das in Virginias Berichten über diese Zeit immer wiederkehrt, ist das der Dunkelheit: dunkle Häuser, dunkle Wände, verdunkelte Räume, ›orientalische Düsternis‹ «.[4] Das Leben im Haus gerät in Unordnung: die »Innenwelt« der Familie, ihr Zusammenhalt, ihre natürliche Ordnung zerfasern. Das unauffällige, unbemerkte Leben

Virginia Woolf im Kleid ihrer Mutter, 1927

der Mutter scheint aus seinem Untergrund aufzutauchen und eine unvermutete Bedeutung anzunehmen.

In dieser Zeit versinkt Virginia Stephen in einen Zustand des Schrekkens, der Desorientiertheit: zum ersten Mal wird sie von einer Wahrnehmung befallen, die sie später »diese schrecklichen Stimmen« genannt hat. Dieser Sommer des Jahres 1895 ist unbarmherzig schwül, von einer sonnnenlosen Hitze. Noch lange, nachdem sie das Licht hätte löschen sollen, liest sie in ihren Büchern, und es bleibt ihr dann nur noch eine kurze Nacht.

Der Bruder Thoby begleitet sie zu den vornehmsten Gesellschaften Londons, um ihr eine »gute Partie« zu verschaffen. Aber, so bemerkt Virginia Stephen über sich und ihre Schwester Vanessa, »die Wahrheit ist, daß wir Versager sind. Wir verstehen es nicht, in Gesellschaft zu glänzen. Ich weiß einfach nicht, wie man das macht.«[5] Sie wechselt vom vornehmen Kensington über nach Bloomsbury; verläßt ihre gewohnten und gesicherten Bezirke und entdeckt die Welt der jungen Literaten und Intellektuellen der Londoner Bohème. Sie führt plötzlich das Leben einer unabhängigen jungen Frau, die sich durch das Schreiben von kurzen Texten und Buchrezensionen ihr eigenes Geld verdient. Die Besuche in Bloomsbury gleichen Entdeckungsreisen in fremde Sitten und Sprachen. »Man spricht zum Beispiel über Liebe«, schreibt Quentin Bell in seiner Biographie, »aber Liebe, das war hier nicht das erfinderische Verführspiel, auf das Phyllis und Rosamund sich verstehen, vielmehr etwas Robust-Simples, das nackt im Licht stand und das jeder nach Belieben abklopfen und untersuchen konnte.«[6] In seinen *Essays in Biograpy* beschreibt der Nationalökonom John M. Keynes das Verhalten der Gruppe als »extravagant« und »scholastisch«. »Unsere Wahrnehmung des ›Guten‹ war die gleiche wie unsere Wahrnehmung des ›Grünen‹ «, schreibt Keynes.[7] Wie Bertrand Russell, der in dieser Zeit seine *Prinzipien der Mathematik* verfaßte, glaubte die Gruppe, mit Hilfe einer »unfehlbaren Grammatik« und eines »untadeligen Wörterbuchs«, Realität restlos und lückenlos beschreiben zu können.[8] Nichts rührte an den Gedanken, daß sie unruhiger und mehrdeutiger, daß sie böse, schrecklich oder ungerecht sein könnte.

Auch Leonard Woolf ist Mitglied der Bloomsbury group. Im Auftrag der englischen Regierung hatte er in Ceylon sieben Jahre lang das »Leben in der Wildnis« verwaltet. Er mag Virginia Stephen an einen Arzt oder einen umsichtigen Gärtner erinnert haben, an einen Vertrauten der Krankheit und des Chaos. Nie zuvor war ihr die Ehe als eine so verlockende wie gleichzeitig beunruhigende Möglichkeit erschienen. Das Gefühl, nicht zu wissen, was das Richtige für sie ist, wird so unerträglich, daß sie sich im Psychiatrischen Krankenhaus von Twickenham behandeln lassen muß. In einem Brief an Leonard Woolf schreibt sie: »Ich werde dir wunderbare Geschichten von den Verrückten erzählen. Nebenbei, sie haben mich zum König gewählt. Ich fühle mich jetzt heiter und ruhig und bewege mich so langsam wie ein Tier im Zoo.«[9] Vita Sackville-West, die Freundin, äußerte einmal, Virginia Woolf sei eine Frau, die in ihrem Leben keine grande passion gekannt habe. Die Ehe mit Leonard Woolf vermeidet die Unordnung, den Wechsel der Gefühle. Sie scheut das Risiko der Sexualität. Sie macht apathisch, unberührbar: sie verteidigt den Wunsch, zu überleben.

Virginia Woolf, abgeschirmt und zugleich preisgegeben, bewegt sich in einem Widerspruch, der nicht zu entflechten war. Dem Viktorianismus des Vaters verdankt sie die Sprache, ihren Erfahrungen als Frau die Zweifel an ihrer Sprechbarkeit. Die väterlichen Ordnungen und Ideale – die festen Bedeutungen, die Individualität, »das Werk« – werden von der Krankheit und von Zuständen einer Irritation, die bis zur Bewußtlosigkeit führten, hinweggeschwemmt. Sie geben sich mehr und mehr als leere Prinzipien zu erkennen; als abstrakte Ökonomie. »Ich habe eine innere Skala von Werten, die beständig darüber befinden, wie ich das Beste aus meiner Zeit herausholen kann«, schreibt Virginia Woolf in ihr Tagebuch. »Wie es zu dieser Diktatur gekommen ist, weiß ich nicht.«[10] Die Wirklichkeit, viel unvollkommener, täuschender, unbeständiger als gedacht, scheint zurückzuweichen vor den Bezeichnungen, Erklärungen.

Die Stadt, London, ist ein Universum für sich. Ihre Automobile, Omnibusse, Reklametafeln bewegen die Passanten auf den Straßen nach neuen optischen Gesetzen. Virginia Woolf bemerkte, man fühle sich von ihnen »eingesogen, hinabgeschleudert, himmelhoch emporgeworfen«. »Welches außerordentliche Abenteuer erwartet mich zwischen diesen Postwagen, diesen Trägern, diesen Schwärmen von Leuten, die nach Taxis rufen?«[11] In ihren *Collected Essays* stellt sie die Behauptung auf, daß sich »im oder um den Dezember 1910 der menschliche Charakter geändert« habe. Diese Aussage steht im Zusamenhang mit der großen Londoner Ausstellung der Impressionisten im Dezember

1910. Ein Mitglied der Bloomsbury group hatte sie arrangiert. Ein neues farbiges und anarchisches Leben war auf diesen Bildern zu sehen: Alltäglichkeit. Ein stoffliches, triviales Universum: der Eingang eines Gemüseladens, ein Vorort-Tanzlokal, nachlässig abgestreifte Kleidungsstücke, eine Wiese im Licht des Nachmittags. Die Dichtungen Virginia Woolfs teilen mit der Malerei der Impressionisten den aufgeschreckten, den erschütterten Blick, der auf eine unruhige, aus den Fugen geratene Welt gerichtet ist. Dieser Blick gestaltet Bilder aus der Welt der »zweiten Natur«. Vereinzelt und zerborsten, aber schöner geworden, treiben die Gegenstände, die Geschichten und die Wörter wie Wrackteile, souverän und unverbunden, am Auge des Lesers vorüber. Der Zusammenhang bleibt ungenannt; desto genauer ist die Kennzeichnung der Details.

Die neuen Freiheiten des Auges übersetzte Virginia Woolf in ihrem 1931 geschriebenen Roman in das gelöste Bild der »Wellen«. Aber als ob der Aufbruch in das neue Sehen auch Verlust und Trauer bedeutete, wollte sie ihm den Untertitel geben: »eine Elegie«.[12] »Immer bleibt etwas von mir, das lose umherschwimmt«, sagt Bernard, eine der Personen des Romans. Es gibt keinen Zusammenhang zwischen dem Stampfen des am Ufer angeketteten Tieres, dem Sichöffnen von Türen, dem Springen des Tigers oder dem Auffliegen einer Holztaube. Nur der Augenblick zählt, seine phantastische und suggestive Macht. Virginia Woolf erzählt wie das sich gleichzeitig entwickelnde Kino in der Form der Montage. Der Blick kann bei keiner Wahrheit Halt machen. Er hat die Freiheit, die Wirklichkeit zu durchschauen oder mißzuverstehen, ihr zu folgen oder sich ihr zu entziehen.

»Wellen« ist die Geschichte von Bernard, Rhoda, Jinny, Louis, Neville und Susan. Sie alle zusammen sind ihr möglicher Held. Der fleißige, genaue Louis, der poetische unsichere Bernard, Susan, die tüchtige, zähe Realistin, Rhoda, die fürchtet, kein eigenes Gesicht zu haben, die frivole, wilde Jinny, der menschenverachtende Neville. Sie sind die vielstimmige Verkörperung der Schreibenden. Sie selbst als Erfinderin der Geschichte überführt sich ihrer Gespaltenheit. Die geschilderten Situationen – ein Schultag, der Abschied von den Eltern, der Besuch eines Gottesdienstes, eine Verabredung im Restaurant – haben verschiedene Bedeutungen, verschiedene voneinander unabhängige Wirklichkeiten. Gewußtes und Imaginiertes vermischen sich undeutlich. Was ist Wirklichkeit? Virginia Woolf teilt Bewegungen der Oberfläche mit. Der Blick in seiner unaufhörlichen Aufmerksamkeit erschließt sich nur das, was sich ihm offen zukehrt: das unruhige Nebeneinander der Details, die widerspruchslose gleitende Fülle von Objekten und Bewegungen im Raum.

Alles Erscheinende ist gleich wahr und wirklich. Louis hat ein feierliches Gefühl, wenn er und seine Kameraden in Zweierreihen marschieren. Rhoda vergleicht die beiden Zeiger der Schuluhr mit dem Marsch zweier Karawanen in der Wüste. Jinny, am Fenster des Expreßzuges, sieht die Telegraphenstangen auf- und niederfallen, die Hecken flachgebügelt, die Hügel verlängert. Eine neue Perspektive, ein neuer Leichtsinn ist in diesen Bildern. »Kein Platz ist zu niedrig oder zu schmutzig für die Poesie. Mit der Schmiegsamkeit eines vielbenutzten Handtuchs folgt sie allen Windungen und verzeichnet die Verwandlungen, die so charakteristisch sind für das moderne Bewußtsein.«[13] Erst wenn die Wörter in einer neuen individuellen Form »aufgegangen sind«, hatte einige Jahre zuvor auch Marcel Proust, in einem Brief vom März 1900, geschrieben, ist der Schriftsteller in der Lage, ihre »eigentümliche Schönheit zu erkennen«.[14] Das Wissen im Sinne einer „Sache" zähle nicht: »Es gibt nichts zu wissen«, schreibt Proust.[15] Die Wahrnehmungen werden in eine vielfältige neue Freiheit entlassen. Die Haut blickt, das Auge fühlt, im Gehen denkt der Körper.

Der überwache Blick, die Bewegung des Eintauchens in das wahrgenommene Bild, distanzlose Nähe zu den Erscheinungen: das sind die Elemente großstädtischer Modernität im Schreiben Virginia Woolfs. Ihr Sprechen ist nicht Deutung, die Wirklichkeit hat jeden Sinn und keinen. Es streift, unsentimental und souverän, die Gleichzeitigkeit vieler möglicher Gegenwarten. Es beherrscht die Erscheinungen nicht: erklärend, rechnend, parteiergreifend. Eher verliert es sich, geht unter im Murmeln der rätselvollen und abgekapselten Existenzen des Szenariums.

Erfahrungen der Isolation, Eindrücke aus den Phasen der Krankheit und Depression übersetzte Virginia Woolf in das Bild einer Wirklichkeit, die als vision fugitive den Menschen nicht mehr gehört. In ihren Dichtungen ist Wirklichkeit »herrenlos«; sie ist frei und so unbezwingbar, wie sie unbegreifbar ist. Es gibt nur scheinhafte Beweise ihrer Gegenwart: zitternde Zeichen, Bruchstücke. »Warum«, fragt sie, ohne selber einer solchen trügerischen Sicherheit glauben zu können, »gibt es nicht *eine* Entdeckung im Leben? Etwas, auf das man die Hand legen kann und sagen Das ist es?«[16]

Georg Simmel schreibt in einer Abhandlung, die er »Der Fremde«

nannte, im Jahre 1908: der Fremde zeichne sich aus durch den »spezifischen Charakter seiner Beweglichkeit«.[17] Durch diese Eigenschaft, so Simmel, komme er gelegentlich mit »jedem einzelnen Element« der Wirklichkeit in Berührung; »er ist der Freiere, er ist zugleich nah und fern«.[18] Die schemenhaft gewordene Konstruktion des abendländischen »Ich denke«, die diktatorische Herrschaft des philosophischen Begriffs des Subjekts machen in der »Philosophie des Lebens« einer Gestalt der Wirklichkeit Platz, die als unfertig, werdend, offen gedacht wird. Friedrich Nietzsche, fasziniert vom Reichtum möglicher neuer Verknüpfungen des Wirklichen, bezeichnete den zeitgenössischen Stil des Lebens als »Kosmopolitismus der Speisen, der Literaturen, der Zeitungen, der Geschmäcker«.[19] Die Entdeckung der nicht-begrifflichen, mimetischen Elemente im Erkenntnisprozeß markiert eine neue Stufe der Erfahrung in der Geschichte der Kultur: Nietzsche nannte sie die »Abnahme jener Furcht vor dem Zufall, vor dem Ungewissen, vor dem Plötzlichen«.[20] Der Sieg über den »Meister der Verstellung«, den Intellekt, öffnet einen bis dahin totgeschwiegenen Bereich des menschlichen Denkens: seine eigene, aber verdrängte sinnliche Natur.

Doch haben auch Nietzsches Revolten stets den Charakter des Professionellen behalten. Sie haben die Form der Fortsetzung einer Tradition. Selbst für die Revolutionäre unter den Philosophen bleibt das Handwerk des Denkens weiterhin der »goldene Boden«, über dem sich das Leben erhebt. Das Denken, das Schreiben, die Beschreibung haben aus sich selbst heraus ein Recht und eine Geschichte. Es ist die Geschichte des Patriarchats, die Tradition einer in sich homogenen Kultur. Der bestätigende und der vernichtende Gedanke des Mannes bleiben im Rahmen des gemeinsam beglaubigten Diskurses; sie wurzeln in einem übergreifenden System der Macht.

Virginia Woolf hat sich den Ort ihres Sprechens erst suchen müssen. Sie ist die Tochter, die, um sprechen zu können, die Welt der Mutter (den vorgegebenen, aber unberedten Ort »des Weiblichen«) hat verlassen müssen. Ihre Sprache ist nicht gebunden an die Erfahrung von Herrschaft. Nichts rührt in ihr an die Idee, Konstituens für den Aufbau der gegenständlichen Welt gewesen zu sein. »Die Wörter haben nicht die Kraft, die Feder zu heben«, schreibt sie 1933 in ihr Tagebuch. »Ich kann die Dinge nicht tanzen lassen.«[21] Die Dinge, die sie beschreibt und sieht, »halb gelesen, halb gelebt«, stehen in einer undeutlichen und täuschenden Beziehung zueinander. Es ist ein Sprechen in luftleere Räume. Ein Gehen auf untergrabener Erde. Der Satz, der am genauesten diesen Zustand beschreibt, lautet: »Ich kenne meine eigenen Begabungen nicht«.[22] Die Wörter sind, wie Bernard in den *Wellen* sagt, fern und jäh verlöschend wie »Rauchringe«. Oder sie rücken die Realität magisch in die Nähe, vergrößern und verdeutlichen, ohne Abstand zu wahren. März 1936: »Hitlers Armee steht am Rhein. Schrecklich, wie nahe die Gewehre unserem privaten Leben gekommen sind. Ich kann sie fast sehen und höre·ihre Geräusche.«[23]

Die Sprache, eine anarchische, unkontrollierte Funktion des Ich, dokumentiert eine aufgelöste, eine ihr Chaos aufsässig behauptende Wahrnehmung der Welt. Sie ist von Unruhe erfaßt. Darin liegt ihre Freiheit und ihr Risiko. Losgelassen auf die Wirklichkeit, ist sie unterwegs wie ein Vagabund: schlägt sich durch, ohne ihre Route und ihren Standort zu kennzeichnen. In dieser Bewegung streift sie Geschichte ab, die unter fremden Vorzeichen stand. Sie wird zum Spiegel dessen, was ihr einzig zu gehören scheint: die Oberfläche und der Augenblick. Die Wörter bilden »Wellen« ab, ungreifbare Figuren; Abdrücke der Wirklichkeit, die »zu Asche zerfallen« sind. »Ich bin vor einem Spiegel gesessen, so wie ihr am Schreibtisch sitzt oder schreibt oder Zahlen zusammenzählt. Ich habe hingesehen. Ich habe vermerkt. Ich bin flatterhaft für den einen, steif für den anderen, spröde wie ein Eiszapfen aus Silber oder wollüstig wie eine Kerzenflamme aus Gold. Während wir die ganzen Geheimnisse unserer Herzen wie in Muscheln murmelten, damit niemand in dem schlafenden Haus sie vernehme, sind wir zu Asche zerfallen, ohne Überbleibsel zu hinterlassen, keine verbrannten Knochen, keine in Medaillons aufzubewahrenden Haarsträhnen.«[24]

Dieses Sprechen, von Ufern und Küsten abgetrieben, ist von geheimnisvollen, unbekannten Bedeutungen erfüllt. Das »Ich« ist sich seiner nicht sicher, aber in den Wörtern wird ihm ein verführerisches Leben geschenkt. Was es ist, ist es nur durch sie allein und nur für einen Augenblick.

»Ich glaube«, schreibt Virginia Woolf über die Erschöpfungszustände, die ihr Leben begleiten, »diese Krankheiten sind bei mir zum Teil mystisch. Es passiert etwas in meinem Geist. Er weigert sich, neue Eindrücke aufzunehmen. Er kapselt sich ab, er verpuppt sich. Ich bin psychisch übermüdet.«[25] Ein seltsamer Wechsel von Ermattung und Aktivität liegt über dem Leben und Schreiben Virginia Woolfs. In den »Wellen« der Wirklichkeit zerfasert die eigene; der Körper spaltet sich vielfältig. Das schreibende Ich, wie auf einer unaufhaltsamen Reise, nimmt immer neue Gestalten an. Mrs. Dalloway, Mrs. Ramsey, Rose

Pargiter oder Mabel Waring: in allen lebte Virginia Woolf und alle lebten in ihr.

Ihre Dichtungen sind wie ein Haus, dessen Fenster immer offen stehen. Es sind Protokolle einer Aufzehrung, die immer mehr nach dem Zustand der Ruhe verlangte, schließlich nach dem Tod. Nach einem Abschiedsbrief an Leonard Woolf, in dem sie schreibt, »ich höre Stimmen und kann mich nicht konzentrieren«, ertränkt sie sich, 1941, in dem kleinen Fluß, in den »Wellen«, die vor ihrem Haus in Rodmell vorüberführen.

Virginia Woolf spricht nicht über die »Natur« der fortschreitenden, damit angeblich immer sittlicher werdenden Zivilisation. Sie hat keine Sprache für die Perversion, für das Böse, für die Exzesse der Natur. Ihre Dichtungen haben in ihrer verschwenderischen Beziehung zum Detail doch etwas Bereinigtes an sich. Zwei Namen gibt es aber, zwei Reiche, die von einem wilden und blendenden Licht gezeichnet sind: die Freundin Vita Sackville-West und die Frau aus dem Mythos, Elektra. Es sind Lichtspuren aus einer Welt voller Kühnheit und Größe. Elektras Tragödien mögen uns veraltet erscheinen, notiert Virginia Woolf in ihr Tagebuch, »es mindert aber nicht ihre Großartigkeit, ihren Glanz«.[26] Elektra habe zu ihrer Zeit nicht allein über die Straße gehen können; sie habe aber das Konzept für ein essentielles und außergewöhnliches Leben gehabt. Der Name Elektras schließt die eigene Sehnsucht nach der Ganzheit der Person, nach dem unauslöschlichen Pathos individueller Entscheidungen und Handlungen ein: Bild einer Vollendung, die scheinbar ohne Anstrengung ist.

Wie Elektra schien die Freundin Vita Sackville-West (aufgewachsen auf Schloß Knole, dem größten privaten Landsitz Englands) für ein großes Leben geboren zu sein: das Leben als Fest. »Sie leuchtet mit einer Kerzenlicht-Ausstrahlung, schreitet einher auf Beinen wie Buchenstämme, rosarot glühend, traubenumrankt, mit Perlen behangen; mit vollen Segeln auf der Hochflut, wo ich mühsam rückwärts an der Küste hinabfahre.«[27] Vita Sackville-West wird die Heldin des Romans *Orlando,* der die farbige, chaotische Welt eines weiblichen Nomaden erforscht: die an kein Geschlecht, an kein Jahrhundert oder Kostüm gebundene Frau. »Orlando« gestaltet Bilder der Macht, die mehrdeutigen, anarchischen Gesichter einer souverän gewordenen Weiblichkeit. Virginia Woolf feiert in ihrem Buch die Begabung der Freundin, im Wechsel der Bedeutungen und der Schauplätze immer neue Bewegungen ihres

Ich aufzudecken. Die eigene Unruhe fühlt sie wie eine Krankheit in sich wohnen. »Ich bin zwanzig Leute auf einmal«, schreibt sie am 29. April 1921 in ihr Tagebuch.[28] Sie selber kann die Asymmetrien, die wechselnden Erscheinungen ihres Ich nicht genießen; sie erleidet sie. In den Schilderungen der Freunde erscheint es manchmal, als sei sie einer besonderen, fernen Menschengattung entsprungen. Nigel Nicolson, der Sohn Vita Sackville-Wests, bezeichnete sie als das »erstaunlichste Menschenwesen«, das er »je gekannt« habe. »Sie war zart, aber nicht im gesundheitlichen, sondern im Spinnweben-Sinn des Wortes. Ich sehe sie vor mir als einen herbstlichen, ins Haus gehörenden Menschen.«[29] Virginia Woolf gerät in den Sog einer Entdeckung, die sich wie eine Vergiftung in ihr ausbreitet: die Ungewißheit darüber, was man von der Welt besitzt und was nicht. Sie scheint zu entgleiten in einen ungenauen, banalen oder gefährlichen Reichtum ungezählter Möglichkeiten. An ihrer Oberfläche verlockend, macht sie sich zugleich unerreichbar wie in der Erzählung *Augenblicke des Seins,* jene Blume, nach der die Frau vergeblich die Hand ausstreckt. »Sie hob«, heißt es dort, »die Nelke, die zu Boden gefallen war auf. Sie drückte sie zwischen ihren glatten geäderten Händen, die mit wasserfarbenen, in Perlen gefaßten Steinen besteckt waren. Der Druck ihrer Finger schien alles Leuchtende der Blume zu verstärken; sie zur Geltung zu bringen; sie noch frischer, makelloser zu machen. Was an ihr so sonderbar wirkte, war, daß dieses Greifen und Sichschließen der Finger mit einer unaufhörlichen Vergeblichkeit verquickt zu sein schien. Sie hatte die Nelke in den Händen; sie drückte sie; aber sie besaß sie nicht, erfreute sich ihrer nicht, nicht ganz und gar.«[30] Die Spielräume der Wirklichkeit sind unermeßlich und unüberschaubar, darum in eine unbeständige Ferne gerückt.

Eine Erzählung, die in den Zwanziger Jahren in einer Zeitschrift erschien, heißt *Das neue Kleid.* Eine junge Frau läßt sich für eine große Abendgesellschaft ein neues Kleid arbeiten. Das Modell dafür findet sie in einem Pariser Modealbum aus der Zeit des Ersten Kaiserreichs. Sie hat den Wunsch, den abgebildeten Frauen zu gleichen. Diese kostbaren und würdevollen Wesen, heißt es, waren von einer »romantischen« und »extremen« Schönheit. Auf den Seiten des Journals und in der kleinen Werkstatt der Schneiderin gibt sie sich wie im Rausch ihren glänzenden Phantasien hin. Aber am Abend des Festes, unter den Augen der Gastgeberin, kann der Traum nicht bestehen. Das Fest vergeht unter Demütigungen. Die Frau im neuen Kleid sieht sich selbst als »Fliege«, als unansehnliche, peinliche Mißgestalt; »die anderen aber waren Libellen, Schmetterlinge, herrliche Insekten, tanzende, gaukelnde, schwebende«.[31] Bitter und unterwürfig trifft sie die Entscheidung, »nie wieder einen Gedanken an Kleider zu verschwenden«. Von nun an wird sie nur noch eine »Uniform« tragen, als Krankenschwester oder Sozialhelferin.

Virginia Woolf zeigt die Frau, die ihrem Leben Bedeutung geben will. Die Frau ist mittellos, ungebildet und erfolglos ehrgeizig; sie ist schlecht plaziert in der Welt, die sie vorgefunden hat. Der Wunsch nach der sichtbaren Bedeutung ihres Lebens zielt auf das pompöse Ornament; auf den großen, einmaligen Auftritt. Er mystifiziert die Oberfläche der Dinge und Menschen: wie sie sich darstellen und sich ihr gegenüber verhalten. Das wirkliche Leben der Dinge – ihre komplexe »Gesellschaftlichkeit«, ihr Täuschendes und ihr Reales – treffen die Frau wie ein feindliches Geschick. Mit ihren eingeschlossenen Phantasien weicht sie zurück. Die Geschichte, ungewollt eine präzise Analyse des sich einige Jahre später formierenden Faschismus der deutschen Frauen, schließt mit einer weiblichen »Rache«. Die Frau rächt sich an den eigenen Wünschen und an der »Gesellschaft« durch das Anlegen einer »Uniform«: das Kostüm einer neuen »gereinigten« Weiblichkeit. Mit jedem Buch, mit jeder neuen Gestalt tastete sich Virginia Woolf vor in die seltsam ungeordnete, figurenreiche Welt der Frauen.

Sie lokalisierte sie dort, wo sie traditionellerweise zu Hause sind: in ihren Zimmern, in den Wohnungen der viktorianischen Familienhäuser, im Innern des Hauses. »Die Fahrt zum Leuchtturm«, wie der Titel des 1927 erschienenen Romans lautete, bleibt eine Verlockung; die Fahrt findet niemals statt. Das Zimmer selber ist Aussichtsturm, Festung, aber auch Schachtel und Grab: eine arrangierte Welt, die auf der Stelle steht. Isabella Tyson etwa, die »Dame im Spiegel«, hat sich eingerichtet zwischen Bücherfächern, Lackschränkchen und Blumenvasen. In dieser geschmückten Landschaft hat sich die weibliche Ordnung wie eine Krankheit ausgebreitet. Über Isabella Tyson heißt es: »Ohne irgendeinen Gedanken genau zu formen, war sie von Gedanken erfüllt.«[32] Sie ist verschmolzen mit dem Arrangement, ein Bild unter Bildern.

Die gestaute künstlich belebte Welt der Zimmer ist die falsche Heimat der Frauen. Mrs. Dalloway hat zum Empfang ihrer Gäste das Haus in ein Zauberreich verwandelt. Die Menufolge hat die Form eines geheimnisvollen Rituals. Virginia Woolf enttarnt in ihren literarischen Analysen des Weiblichen die Zeremonien der Frauen und ihren spezifischen Narzißmus. Sie zeigt die weibliche Welt als einen Kosmos, der im Abseits liegt. Mrs. Ramsey, wie alle Frauen VirginiaWoolfs, fragt sich nach seinem Standort, seiner Bedeutung: »Was war es? Was? Vielleicht eine Vision – einer Kanonenkugel, eines Schubkarrens, eines Märchenreichs auf der andern Seite der Hecke.«[33]

Henri Lefebvre bezeichnete in seinen Untersuchungen über das Alltagsleben die Frauen als »illusorische Substanz«, als »Klima« der Alltäglichkeit. In diese Welt, in der »nichts Lebenswichtiges auf dem Spiel zu stehen« scheint, dringt Wirklichkeit nur in Form von Hieroglyphen vor.[34] Sie ist das abgeschlossene, »unbewußte« Universum der Frau. Ihre Sensibilität, ihr kreatives Leben entziffert Virginia Woolf als das Produkt eines Lebens, das im »Wohnzimmer« verläuft. »Die Gefühle der Menschen wurden ihr aufgedrängt: private Beziehungen waren ihr stets vor Augen.«[35] Wie eingewoben sind die Frauen in die Einrichtungen des Hauses, in das Ensemble von Notwendigkeiten und Zufälligkeiten. Die Romane Virginia Woolfs, in ihren kurzen wechselvollen Abschnitten und Szenen, sind ein Abbild der reichen und diffusen Gestalt der Alltäglichkeit. Was die Frauen zu erzählen hätten, erscheint als ein Nichts; als eine Ansammlung von niedrigen und hohlen Dingen. »Ihre Begabung«, schreibt Virginia Woolf, »ist ganz mit Unkraut durchwachsen und von Dornengestrüpp beengt. . . Grob gesprochen sind Fußball und Sport ›wichtig‹. Die Anbetung der Mode, das Einkaufen von Kleidern ›trivial‹..«[36]

Fünfzig Jahre lang hat man in Deutschland mit der Übersetzung eines Buches von Virginia Woolf gewartet, das viele für ihre wichtigste Schrift halten. Das Buch, aus dem Jahr 1929, heißt *Ein Zimmer für sich allein* und ist das erste Plädoyer für die Unabhängigkeit der schreibenden Frauen: Virginia Woolf stellt die Forderung nach einem separaten Raum für sie auf. Diese Forderung ist ein Fanal. Sie enthält die Idee des Bruchs und der Revolte. »Ein Zimmer für sich allein« ist ein Ort der Exterritorialität: Ort der Entzifferung weiblichen Lebens und das Exil einer unzensierten Erfahrung. »Die Frauen haben nie eine Entdeckung von irgendeiner Wichtigkeit gemacht. Sie haben niemals ein Königreich zum Erzittern gebracht oder eine Armee ins Feld geführt. Die Stücke von Shakespeare sind nicht von ihnen.«[37] Virginia Woolf, eine kritische Beobachterin der Frauen, zeigt die weibliche Wirklichkeit als schwach und zäh zugleich; als unendlich reich und doch auch entfremdet. »Mrs. Dalloway« und »Mrs. Ramsey«, Virginia Woolf selbst sind ihre unruhigen Gefangenen.

Ihr Sprechen ist erfüllt von den unterschlagenen, unbewußten Bedeutungen ihres Lebens. Virginia Woolf verteidigte das Alltagsleben als Schauplatz der weiblichen Erfahrung: auch hier ist Wirklichkeit, dramatisches Geschehen. Aber, so erkannte sie, der Blickwinkel der eigenen vier Wände hat einen engen Radius. Die Literatur der Frauen, an Versäumnisse und Verhinderungen gebunden, ist ohne Glanz, ohne Kühnheit, ohne die Fähigkeit zur Ironie. Ein junger Mann konnte irgendwo in Europa frei mit einer Zigeunerin zusammenleben oder mit einer großen Lady. Er zog in den Krieg. Er sammelte Erfahrungen, die ihm beim Schreiben seiner Bücher zustatten kamen. Virginia Woolf entdeckte, daß die Freiheit des Schreibens von materiellen Dingen bestimmt wird: von Unabhängigkeit, von Bildung, von Einkünften.

Ohne »eigenes« Zimmer verbargen Frauen wie Jane Austen sich selbst und ihre Manuskripte vor den Angestellten des Hauses und den Besuchern; sie bedeckten das Geschriebene mit einem Löschblatt. »Frauen«, schreibt Virginia Woolf, »sitzen seit Millionen von Jahren zu Haus, so daß im Lauf der Zeit die Wände ertränkt sind von ihrer schöpferischen Kraft.«[38] Das »eigene« Zimmer ist die endlich erreichte eigene Wirklichkeit der Frauen. Ein Ort, von dem aus Verborgenes sichtbarer wird, an dem endlich Gestalt annehmen kann, was schon lange da ist.

Weiblichkeit als Anagramm
Unica Zürn

Du wirst dein Geheimnis sagen.* Es gibt Sätze, seltene Funde. In ihrem Rücken sind endlose Spiegel aufgestellt. Sie bewegen sich und drehen sich in sich selbst; man hat den Blick für sie oder man hat ihn nicht. Solche Sätze unterstehen einem bestimmten Gesetz. Anagramme sind Worte und Sätze, die durch das Umstellen der Buchstaben eines gegebenen Satzes entstanden sind. »Alle Buchstaben, die der Ausgangssatz enthält«, schreibt Unica Zürn, »müssen auch in seinem Anagramm verwendet werden.« Wie Fundstücke treten die Buchstaben zu einer neuen Ordnung zusammen. Es handelt sich um Sprachbilder, schrieb Hans Bellmer, »die nicht erdacht oder erschrieben werden können. Der Vorgang bleibt rätselhaft«. Anagramme haben etwas von einem geschlossenen Stromkreis an sich. Kein Buchstabe darf über den Ausgangssatz hinausweisen: es ist »ein geduldiges Labyrinth und ein geheimnisvoller Rebus, denen ein gefangengehaltener Sinn jäh entspringt«.[1] Der vorgegebene Satz zerfällt in einzelne Teile. Ein neues Bild entsteht.

Seine Zimmer in dir sinken in Erde ein. Einmal sieht sie drei verrückte Menschen auf den Straßen im Grunewald, drei russische Emigranten, die sich seltsam gebärden in ihren fremden Kleidern. Aber sie und ihre Freundinnen sprechen nicht mit den Erwachsenen darüber, aus Angst vor ihren nüchternen Erklärungen. Das erste Versteck für das Erlebnis ist das Schweigen. Das zweite ist die eigene Sprache des Geheimnisses; erst als Unica Zürn diese Sprache kannte, schrieb sie die Geschichte ihrer Kindheit auf und nannte sie *Dunkler Frühling* (1967). Die archaisch verschlossene Kindheit bricht auf in einer grellen und kühlen sexuellen Symbolik. Das Buch nennt sich auch die »Beschreibung des kindlichen Unbewußten und des erotischen Erwachens eines kleinen Mädchens«. Die Reise in die vergangene Kultur des Kindes gleicht dem Eindringen des anagrammatischen Sprechens in die unbewußten

---

* Die Überschriften der einzelnen Abschnitte sind gebildet aus Anagrammzeilen von Unica Zürn.

Bedeutungen der Sprache. Die Kindheit: Verlorenes gibt sich zu erkennen als betäubende »dunkle« Metapher, als Dokument einer egozentrischen und anarchischen Macht.

Der »dunkle Frühling« gleicht einem verschwenderisch angelegten Garten. Wie das Leben an seiner Oberfläche sinnlose, aber sinnliche Zeichen gab! Labyrinthisch schichten sich die Verstecke des Kindes in dem großen Haus. Das Haus zerfällt in winzige, genau lokalisierte Räume. Die Zimmer des Hauses sind Bühnen. Jedes Zimmer hat sein eigenes Szenarium, sein eigenes Drama, seine eigenen Sehenswürdigkeiten. So hat Colette Peignot (Laure) rund zwanzig Jahre zuvor in ihrer *Geschichte eines kleinen Mädchens* (1943) die entrückte autonome Welt der Kindheit beschrieben. Eine öde, dunkle Abstellkammer, von den Dienstboten ausgespart und »nie in Ordnung« gebracht, war für Colette Peignot der Ort »des Heiligen«: das Versteck und der »innere Traum« ihrer Kindheit. »Es war ein Abstellraum voller Reisekoffer und altem Schrott. Das Fenster, niemals offen, war mit einem dicken Vorhang verrammelt. Ich blieb ganze Stunden dort, ihrer Langeweile entfliehend, mich blindlings in die meine stürzend. Es geschah, daß man eines Tages einen ganzen Wust von Gegenständen wegrückte, um das Fenster zu erreichen und es zu öffnen; es war das einzige Zimmer, von dem aus man ganz aus der Nähe einen Fesselballon sehen konnte, der in einen benachbarten Garten gestürzt war. Dieser Windstoß war ein Ereignis ohnegleichen in meinem toten Speicher.«[2] Die Kindheit wohnt in den entlegenen Ecken des Gartens, unter dem Schreibtisch des Vaters, in improvisierten Zelten aus Stoffen und Tüchern. Hier, in Winkeln des Hauses, in dunklen Zimmern, erschließen sich exklusive Königreiche der Einsamkeit, die »soviel geheimnisvoller, verlockender, intensiver« sind als das »trübsinnige und unveränderte Leben«.[3] Die Kindheit ist eine Zeremonie; ihre Räume sind »heilig«. Hier lebt sich die Einsamkeit des Kindes aus: seine Gefährdungen sind der Grund, über dem sich die Blumen des Bösen, die schönen Gewächse des »dunklen Frühlings« erheben. Dessen anarchische Vegetation überzieht das Haus – die »Schatzhöhle«, wie Unica Zürn es nannte – wie ein feinmaschiges Netz. Das Haus ist das Versteck, die Kulisse und die Festung. Es ist ein Ort der Erkundungen, auch goldener Rahmen, der nicht verlassen werden darf. Bewegung: aber nur innerhalb des Leibes dieses großen Irrgartens. Das Haus ist deshalb auch Schuttlandschaft, in der sich das Kind zwischen Trümmern bewegt. Die Kindheit ist eine Aporie: Lebensgeschichte, die schon an ihrem Beginn vom

Unica Zürn

Tode getroffen ist. Unica Zürn gibt ihre Beschreibungen im *Dunklen Frühling* und in ihrem Roman *Der Mann im Jasmin* (1966) als »autobiographische« Texte aus. Beide Male schreibt sie von sich in der dritten Person, als betrachte sie erstaunt, zugleich anteilnehmend die Erlebnisse einer Freundin oder einer anziehenden Fremden.

Die Mutter des Mädchens bleibt unsichtbar in ihren verdunkelten, abgeschlossenen Räumen. Unica Zürn: »Wenn man in ihr Zimmer gehen will, muß man vorher lange an die Tür klopfen. Was macht sie den ganzen Tag allein in ihrem Zimmer? Sie geht in den Garten. Sie hat ein helles und herzloses Gelächter. Manchesmal, wenn sie sich sehr einsam fühlt, klopft sie an die Schlafzimmertür ihrer Mutter. Sie sieht ihre Mutter am Schreibtisch, damit beschäftigt, in ihr Tagebuch zu schreiben. Was mag darin stehen? Manchesmal, von ihrer Einsamkeit getrieben, umarmt sie ihre Mutter, aber die schiebt sie von sich, wie einen Gegenstand.«[4] Der blinde Blick der Mutter und ihr schweigsamer Körper haben die Macht der Versiegelung. Indem sie sich vor dem Mädchen verschließen, verschließen sie die Realität selbst, »wie ein Sarkophag, ein unentzifferbares Kryptogramm, ein Fixierbild, dessen Spur verloren ist«.[5] Der Körper der Mutter – der sich eines Tages in einer ekelhaften Umarmung jäh des Mädchens bemächtigt – wird in einem tiefen Vergessen ausgelöscht. Die Wunde, das Erschrecken werden aber herrschen und aller Wirklichkeit ihren Schmerz aufdrücken.

Die Türen zur »Welt des Vaters« stehen offen; sie führen in »afrikanische« und »orientalische« Räume. Der Vater ist Ethnologe, ihn umgibt die Unruhe des Reisens. »Er schickt ihr Postkarten von verschleierten Damen«, in deren Gesichter sie hineinschaut wie in Spiegelbilder.[6] Diese Fremdheit ist auch in den Zimmern des Vaters: exotische Collagen aus bestickten und schleppenden Gewändern, aus arabischen Möbeln, Bilderbüchern und Waffen. Wie die Buchstaben im Anagramm befinden sich die seltsamen Beutestücke des Vaters in einer geheimen Konstellation. Ihre Oberfläche ist nur scheinbar geschlossen (im Geflecht der Kulturen, in der Simultaneität der Objekte). In Wirklichkeit verharren sie in schwebender Vereinzelung, bereit, sich eine immer neue, immer vieldeutige Gestalt zu geben. Das verborgene Gesetz ihrer Wandelbarkeit faßte Unica Zürn in ihrem Roman *Der Mann im Jasmin* in das Bild von der heimlich arbeitenden Nähmaschine, deren kleine Räder sich lautlos drehen, deren Nadel wie ein Vogelschnabel pickt, ohne daß eine menschliche Hand sie in Bewegung gesetzt hätte. Das Geheimnis ihrer Bewegung scheint sich schließlich in einem einzigen Satz zu enthüllen, der aus einem fast vergessenen Gedicht stammt: »Jemand näht! Bist du das?«[7]

Das Geheimnis ist immer kurz davor, entdeckt zu werden, und nur, wer von ihm verfolgt wird, kann ihm selber auch folgen. Das Geheimnis hat eine Bewegung, einen Aufbau, eine Komposition. Unica Zürn erforschte seine Mechanik, indem sie die krustige, die ihrem Schein nach geschlossene Bilderdecke der Kindheit demontierte, ihre trügerische und trübe Totalität in Spuren, Fundorte, in Produkte des Abfalls und der Beute auseinanderteilte. »Ah, das Haus, in dem sie wohnt, ist so schön! Die vergifteten Pfeile aus Afrika! Der chinesische Teppich mit den aus Goldfäden gestickten Drachen. Die Linien und Kurven der arabischen geschnitzten Möbel. Dort unten im indischen Zimmer oder hier in ihrem Zelt ist ihre wirkliche, verträumte Welt.«[8] Der französische Ethnologe Michel Leiris – der 1966 den gerade erschienenen Roman *Der Mann im Jasmin* als die wichtigste Neuerscheinung des Jahrzehnts bezeichnete – hat solche »heiligen« Orte des Geheimnisses lokalisiert an Schauplätzen der »Verderbnis«, die »unendlich weit entfernt von der bekleideten und gelüfteten Welt der Straße« liegen.[9] Diese Orte, schreibt Leiris, vermitteln die »unbestimmte Erfahrung von Abweichung und Verschiebung, das Hinübergleiten vom Profanen ins Heilige: eine Bresche, aus der eine Welt von Offenbarungen hervorzudringen vermochte«. Das »Heilige« hat »glorreiche«, »gefährliche«, »zwiespältige«, »verbotene« und »übernatürliche« Züge.[10] Die Gesichter, die das »Heilige« annimmt, sind von Kühnheit gezeichnet. Sie sind unangreifbar, faszinierend und tief. In ihre schreckliche Schönheit verfangen, stürzt sich das Mädchen in die eigenen Dunkelheiten, todesmutig. Aber nur dem stürzenden Körper entdeckt sich das gesuchte Geheimnis: das Mächen führt in selbstgeschaffenen Inszenierungen die Bewegung des Sturzes aus. Es versammelt die Abgesandten seines Unbewußten und gibt ihnen Rollen, Kostüme, ein Szenarium. Es bevölkert das Haus mit Mysterien: mit Seehelden und kostümierten Fremden. Es macht die Welt der Erwachsenen zum Exoticum, und damit zu seinem Besitz.

Entschwundenes gibt Sinn. Fetisch und Zeremonie, das Maskenspiel und das Fest konstituieren die autonome kulturelle Ordnung des Kindes. In ihr haben die beteiligten Personen ihre großartigen oder schrecklichen Auftritte und Abgänge. Nicht nur aus einer anderen Zeit, aus einer vergangenen Kultur kommen die dramatis personae dieser Geschichte: Vater, Mutter, Bruder, die Freundinnen und das Dienstmädchen. Die Freunde des Vaters geben dem Mädchen den Namen »Prinzessin«. Sie entdeckt die Faszination, die unter dem Zeichen des männlichen Körpers steht. »Ihr Vater, dem sie neugierig zusieht, während er sich ankleidet, spürt ihre Absicht, das Verbotene zu entdecken, und verhüllt schamhaft sein Geschlecht vor ihr.«[11] In dieser Welt des Vaters haben die Wörter einen buchstäblich physischen Reiz. In der Kindheit, sagte André Breton im Ersten Manifest des Surrealismus, trägt alles bei »zum wirksamen Besitz seiner selbst«.[12] Nicht die Rede, sondern die Sprache gehört dem Kind. Nicht das Haus, sondern die Sprache gehört dem Kind. Nicht das Haus, sondern das Labyrinth. Nicht die hellen weißgestrichenen Korridore der Schule, sondern das verdunkelte Zimmer am Nachmittag.

Der »dunkle Frühling«: das autarke System der weiblichen Kindheit, ist der Ort eines expressiven und theatralischen Sprechens. Dieses Sprechen, so schrieb Jean-François Rabain über die anagrammatische Kunst Unica Zürns, »desartikuliere« die Sprache.[13] Das Bersten, Auseinanderbrechen ihrer Syntax folgt der labyrinthisch verzweigten Wirklichkeit. Bei Unica Zürn hat der Vorgang ihrer Zertrümmerung den Charakter eines Schöpfungsaktes; als ob die Sprache sich befreie zu ihrer eigenen Triebgeschichte. So gibt es ein Spiel mit der spanischen Freundin Elisa Urquiza, das Drama vom »verlorenen Sohn«. Bei diesem Spiel, im verdunkelten Zimmer, kleiden sich die beiden Mädchen in »seidene arabische Gewänder« aus dem Orient. Sie stellen sich vor, als Vater und Mutter nachts in der Wüste zu sein und »schauerliche langgezogene Klagen um ihren verlorenen Sohn« auszustoßen. »Sie erfinden eine heulende, dramatische Sprache, die den Kummer der ganzen Welt auszudrücken vermag und die niemand versteht außer ihnen. Diese eingebildete Sprache besteht nur aus Vokalen. Als sie am Ende ihrer Kraft sind, machen sie die Fensterläden auf und starren betäubt in das blendende Sonnenlicht. Es ist Tag. Das Beste und Aufregendste an dem ganzen Spiel war die eingebildete Klagesprache. Das verdunkelte Zimmer hatte ihnen alle Hemmungen genommen.«[14] In einer dramatischen Operation zerfallen die sprachlichen Ordnungen; sie werden »bis auf die Gebeine auseinanderbuchstabiert«.[15] Aus den Abgründen ihrer verlassenen Naturgeschichte steigt die Sprache hoch mit einem fremd hallenden Klang.

Henri Michaux – Freund in Paris und das Symbol des Romans *Der Mann im Jasmin* – hat diesen »dunklen« Klang der Tiefe (in einem

Text, der *Im Lande der Magie* heißt) als die von fern zu uns dringenden Geräusche einer unterirdischen Welt beschrieben: »Türen schlagen unter Wasser. Man muß sie zu hören wissen.«[16] Auch Unica Zürn richtet ihr Sprechen auf Wirklichkeiten, die unterhalb des Meeresspiegels liegen. Es spiegelt die Welt als archaisch und gleichzeitig raffiniert modern, als bedeutsam und banal, als transparent wie Wasser und unzugänglich wie ein Grab. Die Lieblingsbücher der Kindheit hießen *Sindbad, der Seefahrer* und *Zwanzigtausend Meilen unter dem Meer* von Jules Verne. Die Erinnerung an die Unterwasser-Welt lebt in der Zeile eines späten Anagramms, die lautet: »Nun ist das Meer dein Hafen«.[17] Es ist die gleiche Ferne, die auch in den seidenen Kostümen und erfundenen Sprachen, in den Rätseln der Sexualität, im Versteck unter dem Schreibtisch des Vaters und in der geschminkten Schönheit des Dienstmädchens lag.

Wilder als tief sind stille Wasser. Unica Zürn, die Eingeschlossene, die Entdeckerin, die Zauberin montierte das Universum ihrer Kindheit wie den Sprachkörper der Anagramme: als Räume, in denen man den Boden verliert, als »schwindelnden Abstieg in uns selbst« (André Breton), als Unterwelt. Im »Mittelpunkt alles Wunderbaren«, im Zentrum des Eros steht die frivole und denaturierte Welt des Dienstmädchens Frieda Splitter. Das Mädchen bewohnt eine Kammer, die mit einem Bett und einer Kommode möbliert ist. Das Zimmer mit seinem Kitsch und seinem billigen Duft, mit seinen Requisiten der Verführung erscheint anbetungswürdig wie ein tiefer, lautloser Tempel. »Das Kind schaut zu, wie Frieda sich entkleidet, um ihre violette Wäsche mit schwarzer Wäsche zu wechseln. Ihre Lippen sind geschminkt, und ihre Haare fallen in schwarzen Locken auf ihre nackten weißen Schultern. Sie duftet nach Fliederparfüm. Ihre Fingernägel sind lang und rot. Die Absätze ihrer Schuhe sind hoch und zerbrechlich. Die Schubladen von Friedas Kommode duften wie ein Parfümladen – sie trägt Strumpfbänder, die mit seidenen Rosen benäht sind.«[18] Die Geheimnisse der Sexualität scheinen von diesem gepuderten und geschminkten Körper Besitz ergriffen zu haben: er steht unter einer fremden Macht, ist aber zugleich selber mächtig.

Dieser dekorierte, genußsüchtige Körper braucht Pralinen und Zigaretten, Lack, Parfüm und Seife. Er ist ein kinematographisches Kunstwerk: ein Objekt »des Wunderbaren«, eine Parodie der Natur. Er ist, zeichenbestückt, eine gelackte, gepreßte Montur wie die goldüberzogene Schildkröte Robert de Montesquious: eingebettet, schimmernd und vieldeutig, in eine reiche ornamentale Morphologie. Er ist eine Maske, die Maske ist er: er hat kein wahres, »reines« Wesen jenseits von ihr. Er ist, wie der Sprachkörper des Anagramms, identisch mit sich als Maske. Was der maskierte Satz und der maskierte Körper verbergen ist: eine weitere andere Maske.

Aber das schöne, reiche, wandelbare Objekt ist auch vom Verlust getroffen. Es wird durch nichts anderes mehr zusammengehalten als durch das Kreisen der Zeichen auf seiner Oberfläche. Jeder Teil des Körpers und jeder Buchstabe im Satz geht unter in den Strudeln des Sinns und erhebt sich neu: aber wie ein Körper ohne Schatten. Als Traumsprache »aus Zeichen zusammengesetzt«, so schrieb Jean-François Rabain, sind die Anagramme »die Rückseite jener leeren Weiße, die wie eine Visitenkarte gelesen werden soll«.[19] Das Anagramm ist eine Negativschrift. Es ist die Kehrseite, die Unterwelt der Wirklichkeit. »Hinter der verführerischen Erscheinung der Frau«, heißt es bei Jean Starobinski in seinen Untersuchungen über die Anagramme von Ferdinand Saussure, »gibt es abstoßende Geheimnisse, Räume hinter den Kulissen.«[20] Das anagrammatische Sprechen entdeckt den Klang jenes »vielfachen Gemurmels«, das sich unhörbar »hinter jedem Satz verbirgt«.[21] Es ist – anders als die vom System der Arbeit und vom Bildersturm der Aufklärung gesicherte Eindeutigkeit der Sprache – ohne Zweck wie die Natur und ohne Absicht. Es hat höchstens die Faszination des noch nie Gesehenen oder, wie Henri Michaux über die Gesichter junger Mädchen schrieb, es hat »Gesichter, die keinem gehören«: »universale Gesichter, geschenkte Gesichter«.[22]

Sterne, ernste Sterne, bald lache ich. Hans Bellmer in Paris sieht in ihr das Modell seiner »Puppe«: diese Konstruktion ist die idée fixe seines Werkes. Die »Puppe«, aus verschiedenartigen Materialien montiert – aus Gips, Stoff, Öl, Holz und künstlichen Haaren – kann tanzen, sich strecken, sich verbeugen und sich aufrichten. Bellmers collagiertes, endlos umkehrbares Bild der Frau ist für Unica Zürn wie ein neuer Spiegel. Der männliche Blick erfaßt ihren Körper und gibt ihm Kontur und Bedeutung. Aber sie wird auch diesmal betrogen wie schon einmal vom abgewandten Blick der Mutter. Bellmers »Puppe«, wie in *Hoffmann's Erzählungen* die »ideale« Geliebte, ist das stumm gemachte Liebesobjekt: die ins totale Bild verwandelte Frau. Die Gestalt der »Puppe« ist grenzenlos »umkehrbar«.[23] Sie kann vierbeinig sein, doppelgesichtig, kopflos, seitenverkehrt. Hans Bellmer bezeichnete sein Werk als Suche nach der »Anatomie des körperlichen Unbewußten«. Es hat, vergleichbar mit der Anagramm-Kunst Unica Zürns, den Akt der Zerlegung und Neuschöpfung zum Inhalt: »ein riesiges Theater der sprachlichen Permutationen mit unendlichen Abwandlungen«.[24] Die »Puppe« hat vielerlei Gestalt, ungeahnte Ausdehnungen. Sie lehnt als Gerippe an einem Büromöbel oder hängt, an Drähten befestigt, mit aufgerissenem Leib in der Luft, geborsten unter der Perücke. Auf einem Küchenschemel eine Trümmerlandschaft aus Kopf und Kugelgelenken: die Brüste wie Augen hochgeschlagen, amputiert wie ein geschlagener Krieger. Ein vielgliedriges Monstrum, eine verrenkte Körpermaschine. Gequält, gepfählt, ans Kreuz geschlagen. Bellmers »Anatomie« zerlegt den menschlichen Körper – es ist der Körper der Frau – nach den Regeln einer geduldigen Folterung: »Er gleicht einem Satz, der uns einzuladen scheint, ihn bis in seine Buchstaben zu zergliedern, damit sich aufs neue fügt, was er in Wahrheit enthält«.[25]

Die »Puppe« ist die durch Zerstörung archaisch reduzierte Frau. Sie ist die Protagonistin eines absoluten kulturellen Vakuums, befreit von den Bildern und Mythen »des Weiblichen«. Die »Puppe« ist ein neues Bild in der Kette der Verrätselungen: Bild der Freiheit durch Zersplitterung, Zerstückelung. Maß genommen am Körper der Unica Zürn.

Sieben Augen saugen Seide, Nebel, Tinte, Schaum. André Breton beschrieb in der Gestalt der »Nadja«, einer jungen Pariserin, das fremde und imaginative Leben »des Weiblichen«. Von »Nadjas« Exotik zehrte die männliche Phantasie; an ihr studierte sie die Szenerie des Unbewußten, die grenzenlose Vermischung des Wahnsinns und des Nicht-Wahnsinns. Was »Nadja« sprachlos tut, davon träumt der Künstler nur in seinem Werk. »Die Idee vom ›Weiblichen‹ und das reale Schicksal der Frau Nadja werden radikal voneinander getrennt«: Nadja beschloß ihr Leben in der Irrenanstalt und Breton, der sie nie dort besuchte, machte sie zur Muse und erklärte ihr Leben zur surrealistischen Manifestation.[26]

Die Verstrickung Unica Zürns in die surrealistische Welt von André Breton, Henri Michaux, Marcel Duchamp und Max Ernst stand unter anderen Bedingungen, aber sie hatte die gleichen schmerzhaften Folgen. Sie, die Emigrantin aus dem Niemandsland (denn sie hat alle Brücken hinter sich abgebrochen), gerät in den Sog der Alchemie: der Spiele und Techniken ungewöhnlicher und fremder Sprachen. Die Regeln und die Techniken bedeuten Schutz vor dem losgelassenen Chaos der Tagträume, der Halluzinationen und phantasierten Bedeutungen. Sie halten den männlichen Herausforderern des Wahnsinns den eigenen Wahnsinn fern und organisieren ihn zum ästhetischen Sujet.

Unica Zürn, geübt im Umgang mit Labyrinthen, ist den neuen Verlokkungen atemlos zugetan. Sie ist eine »Nadja«, die das Sprechen gelernt hat. Die Sprache, verlorene Sprache, ist, wie im Spiel vom »Verlorenen Sohn«, die Klang gewordene, hörbar gemache Gestalt des Unbewußten. Aber sie ist auch Maschine. Sie verwaltet, verwertet und modelliert das Unbewußte. Unica Zürn beherrscht die Maschine: Bevor sie in Frankreich ihre Sprach-Phantasien dem Gesetz des Anagramms unterwirft, schrieb sie für die Berliner UFA Werbetexte und entwarf Kinoplakate für den Tagesgebrauch. In Paris – alle Bücher werden hier geschrieben – begegnet sie in den Arbeiten der Surrealisten jener »höheren Realität« des Unbewußten, in der sie sich schon lange bewegt und auskennt. Die surrealistischen Inszenierungen des Wunders und der Zufälle sind, wie ihre eigenen auch, auf der Suche nach den »lieux sacrés«, den Orten des »Heiligen« und Geheimen.

Ein Meister, ein Techniker des Geheimnisses war der französische Autor Raymond Roussel. In der Kunst des automatischen Schreibens verfügte er über eine phantastische, schwebende Welt. Im Jahre 1935 hatte er in einem Aufsatz mit dem Titel *Wie ich einige meiner Bücher geschrieben habe* sein Verfahren dargelegt: »Ich wählte zwei fast gleiche Wörter. Zum Beispiel ›billard‹ (Billardtisch) und ›pillard‹ (Plünderer). Zu ihnen fügte ich dann gleichlautende, aber in zwei verschiedenen Bedeutungen verstandene Wörter hinzu und erhielt so zwei fast identische Sätze.«[27] Das Verfahren der Verschachtelung gleicht einer Maschine mit einer ausgeklügelten, zugleich nutzlosen Mechanik. Michel Leiris hat sie die »zur Quintessenz erhobenen Gemeinplätze« genannt.[28] Die Maschine, sie arbeitet virtuos und präzise, hat es mit sprachlichen Mikrostrukturen zu tun. Sie produziert das Banale. Das Prinzip dieses »präzisen, phantastischen, unermüdlichen Apparats« ist die totale Durchsichtigkeit seiner Prozeduren.[29] Die Sprachmaschine Raymond Roussels komponiert Objekte ohne Tiefe, ohne Hintersinn. Ihr stummes Rotieren, das endlose Aneinanderreihen mikrologischer Assoziationen, zwingt den Blick, an der Oberfläche der Dinge innezuhalten. »Sogar Namen und Anschrift meines Schuhmachers benutzte ich: ›Hellstern, place Vendôme‹, woraus ich machte: ›Hélice tourne zinc plat se rend dôme‹ (›Schraube dreht sich, flaches Zink wird Kuppel›).«[30] Das Produkt dieses Experiments ist die geheimnislose Unruhe der Wörter selbst: Salvador Dali sprach von der »wunderbar entwerteten Metapher« bei Raymond Roussel.

Der freigelegte Raum wird von den Wörtern okkupiert; nachahmend, parodierend und sich wiederholend stellen sie in vollkommener Reinheit die Welt als Zeichensystem dar. Ihe Schönheit ist präzis: sie ist expressiv mechanistisch. »Roussel bevölkert Leeres«, schrieb Jean Cocteau.[31] Seine Welt fasziniert als Formel; in ihren kühlen, maschinellen Bildern blitzt ein stumm gemachtes Geheimnis auf.

Unica Zürn übernahm in ihrem anagrammatischen Sprechen die minutiöse Mechanik. Das Exerzitium des Anagramms: die Suche in einem Satz nach einem anderen Satz, zerlegt die gegebene sprachliche Figur so lange, bis ihr Ganzes in seinen allerkleinsten Teilen aufgedeckt und erkannt ist. Aber anders als bei Roussel, dessen Sprache der Zeichen sich jeder Bedeutung verweigert in einer flachen und kunstvoll reglosen Welt, öffnet das Anagramm Unica Zürns die Wörter für ein leidenschaftliches und aufgelöstes Geschehen. Das ist das weibliche Veto gegen die männliche Ökonomie der reinen Form, die implizit doch immer von Bedeutungen und »individueller« Phantasie erfaßt ist, ohne sie doch zu bekennen.

Das Anagramm, sagte Jean Starobinski, verweist auf eine »Sprache unter der Sprache«. Hinter jedem Satz verbirgt sich ein »vielfaches Gemurmel«: eine »endlose Lockung des Geheimen« und eine »Erwartung der Entdeckung«.[32] »Der Satz« ist Rätsel, sichtbares Geheimnis. Seine Welt ist die Metapher. So sind die Anagramm-Sätze Unica Zürns voller Hintergründigkeit: »Es war einmal ein kleines«, »Das Leben ist schön«, »Hotel de l'Esperance, Zimmer zweiundvierzig«, »Das Wasserschloß in Montpellier«, »Das wird im nächsten September sein«, »Der einsame Tisch«.

Unica Zürn beschreibt in ihrem autobiographischen Roman *Der Mann im Jasmin*, wie sie das Suchen und Finden von Anagrammen »bei dem ersten, allerersten Strich, den sie mit der in schwarze China-Tinte getauchten Feder macht«, in »Erregung« und »Neugier« versetzte.[33] So bewegt könnte ein Reisender davon berichten, wie er endlich den fremden Kontinent, das Ziel seiner Unternehmung vor sich liegen sieht. Die Sprache öffnet sich wie ein Königtum. Das Auge wird zur Schrift, geübt in den fließenden Vertauschungen der Namen, der Situationen, der Orte. »Aus dem Leben eines Taugenichts. / Es liegt Schnee. Bei Tau und Samen / leuchtet es im Sand. Sieben Augen / saugen Seide,

Nebel, Tinte, Schaum. / Es entlaubt sich eine müde Gans.«[34] Unica Zürn bewegt die sprachlichen Bruchstücke wie ihr eigenes Leben, das im Imaginären neu zusammengesetzt wird. So wird sich in ihrer Wahrnehmung die Zwangsjacke, die man ihr in der Anstalt von St. Anne überwirft, in das Gewand des Harlekins verwandeln. Das feindliche Objekt gewinnt ein eigenes surreales Leben. Seine Begrenzungen fallen; seine Erscheinungen und Bedeutungen vertauschen sich wie im Traum.

Unter dem Gesetz des Anagramms sind die Dinge bereit, sich tausendfältige Gesichter zuzulegen. Preisgegeben an die semantische Textur, stellen sie sich in einem neuen Reichtum aus. Ihre Körper sind nachgiebig geworden, entlassen aus der Logik ihrer linearen und eindeutigen Bestimmungen. In ihrem geheimnisvollen Sprechen legte sich Unica Zürn die Wirklichkeit in neuen Bildern aus: Paris und die Wohnung des Freundes Hans Bellmer in der Rue Mouffetard, die Gänge und weißen Säle der Heilanstalten von St. Anne oder La Rochelle. »Die Konzentration und große Stille, die diese Arbeit verlangt, geben ihr die Chance, sich gegen ihre Umwelt vollkommen abzuschließen – ja, selbst die Wirklichkeit zu vergessen – das ist es, was sie will.«[35] Unica Zürn hat längst alle Formen der staatlichen »Sicherheitsverwahrung« kennengelernt – Irrenanstalten in Berlin und Paris –, als sie den folgenden Satz niederschreibt: »In dieser Nacht zerreißt sie ihre Zeichnungen und Texte, die in Berlin von ihr veröffentlicht worden sind. Diese Handlung befreit sie. Die Idee, nichts mehr besitzen zu wollen, nichts mehr tragen zu müssen, die Koffer zu leeren!«[36] Im Café vergißt sie ihre Handtasche; sie vergißt ihre Adresse. Das Gewicht der Welt wird leicht. In der Silvesternacht beginnen vor ihren Augen die Gegenstände zu fliegen. Die Kleider steigen vom Stuhl hoch wie Vögel; beim Schreiben stürzen die Buchstaben auf das Papier.

Gieß dein Du ins Tageswunder. Die Geschenke des Wahnsinns sind tief verlockend. Seine »schönen Sensationen« verwandeln das Gewöhnliche und alles wird zum Fest: zum Ort des Lebens. »Mit einem kleinen Mädchen geht sie in die alte Kirche am Platz St. Médare. Aus Spaß suchen sie in den Beichtstühlen nach einem darin verborgenen Telefon, mit dessen Hilfe man vielleicht mit dem Himmel telefonieren könnte. Sie beginnen zu lachen. Sie bewegen sich in dieser Kirche wie auf einem Fest für Kinder.«[37] Alle Dinge treten näher, während das Ich sich in Ferne auflöst. Es kann tausend Gestalten annehmen wie in den

Märchen oder Filmen: es kann ein Tiger werden, ein Skorpion, eine Tänzerin, »die Prinzessin auf der Erbse«, Alice im Wunderland. Das Ich dreht sich wie im Karussell. Seine Kostüme, seine Eigenschaften, seine Wünsche können blitzschnell wechseln. Ebenso die Gegenstände im Zimmer und ihre Bedeutungen, die Orte, die Zeiten.

Ein Abend in ihrem Pariser Hotelzimmer. Sie studiert Annoncen im *France Soir.* Dieser Beschäftigung geht sie häufig nach, denn aus allen Schriftzeichen, aus den Reklametafeln, aus den Telefonnummern, aus dem Titel eines Theaterstücks liest sie Botschaften heraus, die an sie gerichtet sind. So ist immer sie es, die im Mittelpunkt aller Ereignisse steht. Und dann geschieht etwas: »Eine große, leere, fast dunkle Bühne erscheint. Eine unbekannte Musik, die Töne der Instrumente aus einem anderen Land erklingen, und sie fühlt sich dazu aufgefordert, den alten und hoffnungslosen Wunsch ihrer Kindheit zu verwirklichen: Tänzerin zu sein. Sie wartet, sie horcht, sie kennt noch nicht die erste Bewegung, die sie jetzt ausführen soll. Ob sie es will oder nicht – der erste Finger beginnt sich zu bewegen, das Handgelenk biegt sich, ihr Tanz hat begonnen. Und sie liegt in ihrem Bett und sieht sich selbst zu. Die Musik, die sie in ihrem Innern hört, sie beginnt sie zu kennen, sie weiß im voraus die nächsten drei Töne, die folgen werden, nachdem der letzte vorher verklungen ist. Jetzt ist sie sicher, daß *sie* es ist, die diese Musik komponiert. Doppeltes Wunder, ›Tänzer zu sein‹ - ›Komponist zu sein‹.«[38] Sie hat viele Existenzen, das Ich ist unersättlich. »Mein Leben ist nicht MEIN LEBEN geworden!«, schreibt Unica Zürn; deshalb gibt es so viele mögliche andere.

Die »bösen Götter« der Kindheit sind aus ihrem Leben gefallen: die schmerzhafte frühe Verletzung des Körpers; die Verlassenheit des Kindes, das seinen gigantischen Erlebnissen preisgegeben war. Jetzt, in den selbstgewählten Delirien – »welche Geschenke vermag die Verrücktheit ihr zu machen!«[39] – sieht sie das Haus ihrer Kindheit in einen Palast verwandelt. »Dieses Haus, von einem smaragdgrünen Licht durchdrungen, wird durchsichtig, sie sieht den indischen Buddha aus dem Felsentempel, die arabische Lampe mit dem goldenen, roten und grünen Licht. Vor dem Hause erscheinen Menschen, versammeln sich hier wie zu einem Fest und gehen feierlich und langsam die Treppe hinauf. Die Türe öffnet sich weit, und die Menschen verschwinden in dem Haus.«[40]

Das Elternhaus, die Männer, die Stadt, das eigene Ich treten auf, eingehüllt in die Halluzination; in die magische Beschwörung; in die Pantomime. Das Leben wird zum poetischen Universum, die Sprache zum Haus. »Im Dunkel, da werden wir klar und deutlich sehn; im Labyrinth werden wir den geraden Weg finden«, schreibt zur selben Zeit der Freund Henri Michaux.[41] Unica Zürn baut ihre Bilder, die geschmückten Höhlen ihrer Einsamkeit, als Exile des Überlebens. In den Falten der Texte, in den Serien der Anagramme »versteckte sie ihre Träume, ihre verbotenen Lieben, um sie als zerstörte zu konservieren: geheime Bilder für unsichtbare Teilnehmer«.[42] Man schlägt die Seiten auf, dieses Lebens und dieses Werks. Es sind Metamorphosen der Einsamkeit, die schon zum Kraftfeld des Todes gehören.

In der Irrenanstalt von Berlin-Wittenau nahm sie sich Flaschenscherben mit ins Bett. Im Wachsaal, den sie mit vielen alten Frauen teilte, ging Tag und Nacht das Licht nicht aus. Vier Wochen lang mußte sie dort bleiben und sah nichts anderes von der Welt als die wunden Körper, die zerstörten Gesichter, die zerstörten Leben.

Neuland, Angst, ich friere kalt. Der französische Psychiater Dr. B. stellte die Diagnose: „Visionen; optische und akkustische Geruchs- und Geschmackshalluzinationen; Beeinflussungswahn; Wahn der Ausbreitung des Eigenen auf Andere; Gedankenlautwerden; rauschhafte Glücksgefühle mit Größenwahn; depressive Vestimmung. Insgesamt ist am ehesten eine Psychose vom schizophrenen Typ anzunehmen.«[43] Die Welt der Unica Zürn, das sind Scherben, Splitter, aus dem Leben herausgebrochen und, unter der künstlichen Beleuchtung riesiger Kliniksäle, zu neuen Figuren, zu unerklärlichen Botschaften zusammengesetzt. Die Personen können klein sein, nicht größer als Rosenblätter. Oder riesengroß wie ein leuchtender Stern, ein blumenhaftes Monstrum oder eine Feuerwerksrakete. Unica Zürns Poesie des Wahnsinns ist in einer androgynen Schrift verfaßt. Es gibt in ihr nicht die Schwerkraft der weiblichen Sublimation, die in der Anpassung endet: »Wie wohl wäre mir«, schrieb sie, »könnte ich etwas sein, was weder Mann noch Frau sich nennen würde!«[44] Fortwährend verabschiedet sich das Ich von sicheren Bezirken. Es sucht nach einer Bewegung, die mit der des Fliegens vergleichbar wird. Es ist eine Bewegung, die sich aus allen Begrenzungen, aber auch aus allen Sicherheiten gelöst hat. »Sie beginnt in einer ganz neuen Art zu gehen: sehr schnell und unglaublich leicht. Es ist ihr, als schwebe sie zwei Zentimeter über der Straße – sie fliegt.«[45] Die Frau, die ihre Haut nicht verteidigen konnte, verteidigt die Flügel, mit denen sie die Wirklichkeit verläßt. Sie durchdringt den »dunklen« Frühling der Kindheit und entdeckt in ihm die »dunkle«, die unaufgehellte Chiffre »des Weiblichen«. Das patriarchalische Gesetz aber grenzt die Orte der Entdeckung aus. Nur in der Bewegung ihres Exodus wird die Frau das, was sich vor ihr verbirgt, in sichtbare Zeichen übersetzen können.

Unica Zürn benannte diese Zeichen in der Sprache des Anagramms. Sie beschrieb Wirklichkeiten, weitreichende und von neuen Freiheiten bestimmte Körper, Räume, Handlungen. Ihr Sprechen erhebt sich über einer Vergeblichkeit und Leere, die sie im Zentrum ihres Geschlechts fühlte. Ihre Anagramme treten an Ränder vor und strahlen nach vielen Seiten aus. Sie treten in Verbindung zu bisher nie gehörten Bedeutungen und Klängen: suchend in Scherben, in aufgebrauchten Stücken der patriarchalen Kultur.

Unica Zürn hat ein Feenmärchen über den Selbstmord geschrieben, sie nannte es *Die Trompeten von Jericho*. Ein unterirdisches Land wird beschrieben, düster, in regloser Melancholie. »Sogar die Kinder beugen sich über das Wasser im Wunsch, sich hineingleiten zu lassen.«[46] Dieser Bewegung ist Unica Zürn gefolgt, nach Tagen, in denen sie »stundenlang bewegungslos gesessen hatte, in die Ecke des Divans gelehnt«.[47] Als sie sich aus dem Fenster der hochgelegenen Wohnung Hans Bellmers stürzte, war auch der Körper, wie die Wirklichkeit schon lange, zu eng geworden wie eine schwere Montur. Ruth Henry, die die Freundin zum letzten Mal sieht, beschreibt das verrätselte Bild, das Unica Zürn noch am Schluß für sich gefunden hatte: »Sie haben in Frankreich eine alte Kunst des Bandagierens, die dem Kopf etwas Mittelalterliches, wie auf Gemälden von Kreuzigungen verleiht. Nichts Kindliches war mehr in ihrem Gesicht. Eine viel ältere, ferne Frau.«[48] Ihre letzte Kostümierung zeigt sie unter dem Zeichen jener Unnahbarkeit und Fremdheit, an die die Fülle und Weite ihrer weiblichen Existenz so sichtbar gebunden blieb.

Anhang

Unica Zürn, Anagramme[49]

Der Geist aus der Flasche
fragt dich aus. Der es lese,
schaurig der Edle, faßte
Dich Graus. Fels der Äste
sag', es rauscht. Die Felder,
als sich das Feuer regte,
lag Erde, Frische des Tau's.

Sag – es aus der Feder Licht.
Tag der Schauder fließe.
Lese das Gesicht der Frau.
Aus der Flasche steig' der
Tau. Ed'le Grasfrische des
Flusses, ach, der Tage drei.

Es rauscht das Gefieder.
der Schlaf ist aus. Gerede
der Flasche steig' aus der
Figur. Rede sachte als des
Geistes Rauch, da der Fels
des Auges Adel erfrischt.

Euer Tag heißt: hart
Eure Augen: sein.
Eure Haut ist Gesang – euer Rat: seh' ein.
Euer Haus ist getarnt. Eure Siege nah.
Eure Tat: ein sarg-geeintes Ruhehaus.

Der eingebildete Wahnsinn
Deine Wege ins Hinterland B.
da regnet es blind hinein. – We –
Weh' – Deliria sind Gebete. N – N – N –
Der Wind bläst. Eingehen in

wahnsinnige Bilder endet in
Leid. Eng ist der Wahn. Eben
steigen, dann leiden. Hib! Wer?
Er! Wann? Nie! Eingebildet!
Was? Rien! H – D – S –
Elend beginnt. Dehi –
Dehi – bewegtes Deliria. N – N – N –
Endet das nie?
Nein! G – B – L – J – H – Wer? – – –

Aus dem Leben eines Taugenichts
Es liegt Schnee. Bei Tau und Samen
leuchtet es im Sand. Sieben Augen
saugen Seide, Nebel, Tinte, Schaum.
Es entlaubt sich eine müde Gans.

Ich streue das weiße Nichts
ach, Weiß ist nichts. Reue des
weißen Rauchs sticht Seide
der Nachsicht. Süße ist wie
das Weiße. Schreie: »Tu's nicht!
Sie ist ich. Werd' süße Nacht!

Das Wasserschloß in Montpellier
Still – Wasser sind Moos. Perlaschen –
Rose des roten Psalms will sich ans
Wind-Lama pressen. Leis' rollte das
Enten-Ross. Waldpalme riss sich los.
DU wirst dein Geheimnis sagen
Geister nagen heiß im Wind. Du
wirst dein Geheimnis sagen, du
wirst gehen in die Gassen, du im
Hasse, du im Wind. Steig in Regen,
wart' im Gehen. Giess' dein Du ins
Tageswunder. Deinem Isis hing
sein Hund im Ast. Wieg' den Greis.

Hotel de l'Esperance, Zimmer zweiundvierzig
Prinz vom Meer, du laechelst reizend; zeig', wie

du zwei seidener Ziegen prachtvolle Zimmer
zerzaust. Vier Perlenzeichen im Gold, wie dem
Tode zur Zierde. Perlzweig im Veilchensamen,
Perlenzimt im Venuswald. Zierde, ich zoegere,
dich zu spalten. Vierzig Zimmer – O Leere – wende
dich weiter, perlend im Meer von Salz. Zeige zu
weisen Zimmern, Tod. Leid, ich verzage, Perle zu
Perle – die Zwitscherzimmer – ein Voegelzaun.

Meine Jugend ist das Unglück meines Lebens
Stimme jedes Unglueck singend, seine blauen
Djungelaugen – einen Blick des stummen Eises –
das ist meine Ungluecksjugend, meines Lebens
Mumiensessel. Jedes Unglueck nagt dein Bein.
Jedes Glueck ist eben Dumm-Sein. Lange uneins,
jedes Leimstueck ungebunden, niemals eins.

Ohne noch gelebt zu haben werde ich sterben
ohne Erben, weich zu Bett den Hals gebrochen
nach zehn gelben Herbstwochen – o die Truebe

Das Geheimnis findest du in einer jungen Stadt
Die Jugend singt: nun ist das Meer dein Hafen. Ist
Traum und Jagd, des Geistes Innen-Fest, die ihn in
finst're, steinige Tage senden, ja, Du! – und ihm sind
Hand und Sinne mit Ernst gefeit – ja, Du! Siege sind
gefundenes Ahnen. Du reist in die Stadt Jim-Sing.
Geh' in die juengste Strasse und find' Amin, den Ti.
Er sagt: ja, nein, einst, nie, Feind, Mut, es, sind, Du, D, H, G.
Geheimsignatur? Jadestein? Du findest den Sinn.

Die amerikanische Tochter
Sylvia Plath

Das Wichtigste war der Ozean gewesen. Die Landschaft der Kindheit erstreckte sich vom Land aus direkt ins Meer. Die Großmutter wohnte in einem Haus voller roter Sonne und Seelicht auf der anderen Seite der Bucht. Sie hatte die Telefonnummer »Ocean 1212 - W«, und wenn sie den Telefonhörer abnahm, vermischte sich das Rauschen des Wassers mit ihrem »Hallo«. Wenn Besuch kam, führte man ihn zuerst zu den Felsen und ließ ihn das Meer sehen. Hier glaubte man nicht an Gott oder den Nikolaus, sondern an die Nixen.

Als sie sich zum ersten Mal in die salzige Kälte des Wassers hinauswagt, läßt sie sich von der See in einer weiten und weichen Bewegung fortziehen. Sie kann sofort schwimmen. Aber nach dem Tod des Vaters muß die Familie ins Landesinnere umsiedeln. Danach erscheinen diese ersten neun Jahre des Lebens wie ein Schiff, das in einer Flasche eingeschlossen wurde: »schön, unzugänglich, ein zarter weißer fliegender Mythos«.[1] Ein Hurrikan an einem ungewöhnlich früh verdunkelten Nachmittag läßt das Haus erzittern. Entwurzelte Bäume und Telefonmaste stranden am Fuße des Leuchtturms. In London, viel später, schreibt Sylvia Plath: »Die See war das einzig Wirkliche, das ich in meinem Leben besaß«.[2]

Die Eltern, in den dreißiger Jahren aus Österreich und Deutschland eingewandert, glaubten an den »amerikanischen Traum«, wie er nur den Köpfen von Emigranten entspringen kann.

Sie wurde am 27. Oktober 1932 geboren. An diesem Tag sagte ihr Vater bei einem Essen zu seinen Kollegen: »Jetzt habe ich nur noch einen Wunsch in meinem Leben – einen Sohn, heute in zweieinhalb Jahren.«[3] Am 27. April 1935 kam sein Sohn Warren zur Welt, zwei Stunden später, als es der Vater geplant hatte. Die Mutter erinnert sich an das Spiel der kleinen Tchter, die mit sechs Monaten ein senkrecht hängendes Seil an der Terrassenbrüstung mit der größten Geschicklichkeit ihrer Hände und Füße ergriff. Die Mutter wertete diese Beobachtung als Beweis für den zunehmenden Verlust an Beweglichkeit des in sein Schuhwerk eingeschlossenen menschlichen Fußes. Die Tochter starb mit 31 Jahren in London, am 12.2.1963. An diesem Tag trat der erste amerikanische Raumfahrer seinen Mondflug an.

Sie träumte von Spanien auf der anderen Seite des Ozeans. Ein Aquarellbild, das sie zum Trocknen an die Hauswand gelehnt hatte, kippte durch eine unachtsame Bewegung der Großmutter zur Seite. Das Bild war verwischt, halb gelöscht. Sie nahm es leicht, aber in ihrem ersten Gedicht, am gleichen Abend, spricht sie von ihrem »zerstückelten Firmament«. Mißlungen die Auskundschaftung der Welt durch die Farbe aus ihren eigenen Augen.

Zu Hause wurde der *Christian Science Monitor* gelesen; jeden Tag, außer Sonntag, lag er um fünf Uhr früh auf der Türschwelle. Selbstmorde, Sexualverbrechen und Flugzeugunglücke; als ob sie nicht stattgefunden hätten.

Der Vater, ein korrektes Gehirn, war Insektenforscher, ein Systematiker der kleinen Zellen, der Mikrostrukturen. Der Vater mit dem „Meinkampfgesicht” aus Deutschland, den die Tochter zu früh verliert und zu spät hassen kann.

Eine frühe Photographie, aufgenommen zu einer Zeit, da der Vater krank und pflegebedürftig zu Bett liegt, zeigt das fünfjährige Mädchen in der weißgestärkten Uniform einer Krankenpflegerin. Mag das Bild ein Scherz sein, ein Verkleidungsspiel der kleinen Tochter in den unglücklichen Tagen kurz vor dem Tod des Vaters, so ist es doch von einer seltsamen und tiefen Symbolik. Die steife Uniform, das perfekte Kostüm, das wie eine zweite Haut über dem Körper des Mädchens liegt, gibt einen ersten sichtbaren Hinweis auf die strengen Verkleidungen der Sylvia Plath.

Den deutschen Vater nannte sie einen Nazi, einen Panzermann. Sie selber suchte früh nach Eigenschaften, die sie für jüdisch oder zigeunerisch hielt. Mit der Großmutter legte sie Tarockkarten.

Als der Vater starb, lächelte die Mutter. Der schwarze, tote Vater, den die Mutter gegessen hat. Ihre Imago erschließt sich erst spät; erscheint

Sylvia Plath, 1954

in den Wörtern, die in den letzten Gedichten am häufigsten auftreten:
Nacktheit, Kälte, Vergeßlichkeit, Aluminium, Krieg, Mond, tote
Hände. Die Tulpen reißen gefräßige Mäuler auf wie große afrikanische
Katzen. Der Klatschmohn leuchtet in Höllenflammen.[4]

Das College war Tempel und Manege, heiliger Ort, Kampfplatz und
»die Zukunft«. Das College war ein »subtiler, schrecklicher Virus«.[5]
Das College war Amerika. Ein Ort, an dem »ohne Ansehen der Person« und unter Absehung der Person der benachteiligte Vorstädter, die
zufällige Frau zu Amerikanern erzogen werden.

Dreizehn Jahre lang schickte die Tochter der Mutter täglich Briefe.
»Exzentrizität ist die Gefahr, ein Einzelgänger zu werden«, schrieb sie
ihr einmal.[6] Dreizehn Jahre lang hütete sie sich vor dieser Gefahr.

Die Mutter trainierte das Mädchen zum College Girl. Sie war die Flam-
menzunge Amerikas. Sie, die Emigrantin, gönnte sich kein Zögern in
dem neuen Land. In der Tochter erschlug sie ihr eigenes »Europa«:
nahm ihr die Kindheit, die Erinnerungen, tötete ihren Schmerz und ihr
Spiel.

Veröffentlichungs- und Preisliste vom 21.5.1955
$ 30 Dylan Thomas Ehrenvolle Erwähnung für »Parallax«, *Mademoi-
     selle*
$ 30 Für Deckblatt eines Romansymposions, *Mademoiselle*
$ 5 *Alumnae Quarterly*-Artikel über Alfred Kazin
$ 100 Preis der Academy of American Poets (10 Gedichte)
$ 50 Glascock-Preis (geteilt)
$ 40 Ethel Olin Corbin-Preis (Sonett)
$ 50 Marjorie Hope Nicholson-Preis (geteilt) für die Abschlußarbeit
$ 25 *Vogue* Prix de Paris (eine von zwölf Preisträgerinnen)
$ 25 *Atlantic* für »Circus in three rings«
$ 100 Christophers (eine von 34 Peisträgerinnen)
$ 15 *Mademoiselle* für »Two Lovers and a Beachcomber by Real
     Sea«
$ 470 GESAMTSUMME[7]

Zwischen Mutter und Tochter herrschte ein Klima der Freundschaft
und gegenseitigen Förderung. Ihr Verhältnis umreißt die grausamen

Spielregeln des Erwachsenwerdens. Beide konnten sich nicht vorstellen, daß ihre Mütter auch einmal Kinder gewesen sind.

Sie *machte* die Dinge geschehen, sagte ein Mitschüler des Smith-College, als ob sie nicht warten könnte, bis das Leben zu ihr kommt. Alles, was sie machte, mußte sie schnell und jetzt machen.

Von weitem gesehen, gab es verschiedene interessante und gebildete Männer, auf dem Sportplatz, im College, auf den Parties am Wochenende. Aber sie erkannte, daß sie keineswegs genügten. Das ist einer der Gründe, warum sie niemals heiraten wollte. Keinesfalls wollte sie unendliche Sicherheit und ein Ort sein, von dem aus ein Pfeil fortfliegt. Sie wollte Veränderung, Aufregung und selbst in alle Richtungen fliegen wie die farbigen Strahlen einer Feuerwerksrakete am 4. Juli.

Sie wollte sich nicht photographieren lassen, weil sie dann weinen mußte. Wer sie zu genau ansah, brach in ihre Umzäunungen ein. Sie hatte Angst vor dem fremden Blick des Photographen oder vor dem des späteren Betrachters ihrer Bilder. Was sie an sich verbergen wollte, nannte sie später in ihrem Gedicht *Lorelei* die »Zerstörung durch Harmonie«.

Ihre Ideen vom Schreiben waren die gleichen wie die der Herausgeber von *Mademoiselle* und *Lady's Home*. Die Sprache, rhetorisch, vorsichtig, übernimmt den Stil verschiedener literarischer Vorbilder: Robert Lowell, Theodore Roethke, D.W. Auden. Sie trainierte ihr Sprechen und legte es sich zu wie eine technische Maschine. »Ich versuche Geschichten zunächst einmal im Stil des ›New Yorker‹ abzufassen, dann vielleicht im ›Lady's Home Journal‹-Stil und zuletzt im Stil eines Sonderberichts.«[8] Nur als Profi würde sie das weißgestrichene Holzhaus, die Provinz der Mutter, verlassen können. In dieser Zeit, in Amerika, schrieb sie ihre Texte direkt für den Wettbewerb. »Schneide die Geschichten deiner Freunde in objektiver Weise so zurecht, daß sie Anfang, Mitte und Ende haben. Schaff deinen Helden auf einen Baum, schmeiße Steine auf ihn, dann laß ihn sich selbst befreien.«[9]

Ihr Selbstmordversuch hätte gar nicht fehlschlagen können. Sie vergrub sich in einen Hohlraum des Kellers und vergiftete sich mit Tabletten. »Lichtjahre von Energie durchströmten ihren Körper, aber sie wurde nicht richtig verteilt«, schrieb Paula Rotholz.[10] Die unerkannt gebliebene Welt staut sich nach innen, außen wird sie nur gestreift: beschränkend, einkreisend, administrativ. Ihre Einzelheiten gleiten vorbei wie Morsestreifen. In dem entwerteten Kosmos berühren sich die Dinge im zufälligen Nebeneinander, wie in einem Kleiderkoffer. »Fahrscheine, Kurzschlüsse und Taschenspiegel«.[11] Sie sind die Gefangenen einer kalten Banalität. Der Fahrschein verfällt nach Gebrauch, der Kurzschluß ist reparabel, der Taschenspiegel zeigt, in einem flüchtigen Ausschnitt, was auch ohne ihn da ist. Die Bilder des Lebendigen werden ausquartiert; sie entfernen sich, sie verlieren sich. Als Sylvia Plath mit 21 Jahren in das Psychiatrische Krankenhaus von Massachusetts eingeliefert wurde, hatten für sie nur noch die Bücher und Erzählungen über Selbstmörder und Verrückte eine Bedeutung. Alles andere hatte sie vergessen: ihren eigenen Namen, ihr Gesicht, die Mutter und die Sprache.

Es gab die Möglichkeit, eine Frau wie die Mutter zu werden oder ein Kind zu bleiben, Sivvy, die Briefschreiberin. Darum wurde sie blank wie ein Kiesel, ein durchsichtiger und geheimnisloser Körper. Sie hatte das Schreiben, das Lesen, das Denken und Sprechen verlernt. In der Anstalt trug sie in den Taschen ihres weißen Kittels nur ein Zeitungsbild mit sich herum. Es zeigte das Gesicht des Selbstmörders Georg Polluci. Sie fühlte, daß er ihr etwas Wichtiges zu sagen hatte und daß dies, was immer es sein mochte, genau in seinem Gesicht verzeichnet war.

Die Elektroschock-Behandlung.
»Doktor Gordon legte zwei Metallplatten auf die Seiten meines Kopfes. Er schnallte sie mit einer Binde fest, die sich mir in die Stirn eingrub, und gab mir einen Draht, auf den ich beißen sollte.
Ich schloß die Augen.
Es gab eine kurze Stille, wie einmal Atemholen.
Dann bog sich etwas herunter und griff mich und schüttelte mich, wie das Ende der Welt. Wiiiiiiiii schrillte es durch berstende Luft in blauem Licht, und mit jedem Blitz fuhr ein riesiger Schlag auf mich nieder, daß ich glaubte, meine Knochen würden brechen und der Saft würde aus mir herausjagen wie aus einer aufgeschlitzten Pflanze. Was hatte ich denn nur Furchtbares getan.«[13]

Rückkehr ins College. Sie färbte sich ihr walnußbraunes Haar, um ihrer Erscheinung etwas Leichtsinniges, Platinblondes zu geben.

1955 ging die amerikanische Tochter mit einem Fulbright-Stipendium nach Europa, nach Cambridge. Die erste Station war die Hafenstadt Cherbourg. Sie beschrieb diese Stadt wie ein amerikanischer oder europäischer Ethnologe die erste Begegnung mit einer Stadt in Zentral-Afrika beschreiben könnte. »Alles war rosa und türkis, pittoresk und lebendig warm. Überall Fahrräder, Arbeiter, die tatsächlich Wein tranken, frühreife Kinder, winzige individuelle Läden. Was für ein Glück, da zu sein, wo Blumen die Lenkstangen und Ampeln schmücken. Mir war, als wäre ich heimgekehrt.«[14] Der Ozean war wieder nähergekommen.

In Cambridge bewohnte sie ein Zimmer, dessen Decke schräg war wie die eines Dachbodens. Von ihrem Fenster aus sah sie große schwarze Krähen über rote Ziegeldächer fliegen. »Nichts Wildes oder Unausgeglichenes war an ihr«, schrieb Dorothea Krook, eine ihrer Lehrerinnen, »ihre Arbeiten waren lang, lehrreich und sorgfältig: Anfängerarbeiten. Sie berührten weder die Tiefe des Gegenstands noch die Tiefe ihrer eigenen Erfahrungen.«[15]
Eines Abends, auf einem studentischen Fest, wurde sie Zeugin eines Hypnose-Experiments. In Trance hat ein Kommilitone die Vorstellung, vor einer Glastür zu stehen, die sich nicht öffnen läßt; er muß vor diesem unüberschreitbaren Hindernis stehen bleiben. In dieser konstruierten Situation des Experiments hätte sie die eigene wiedererkennen können. Die Bewegung des Stehenbleibens ist so kennzeichnend für sie wie die gewaltsame Zertrümmerung der Glasscheibe, die sie endlich mit ihrem Sprechen durchstößt.

In ihr Tagebuch schrieb sie am 20. Februar 1956: »Dieses gefährliche tödliche Schlangengift, das von einem kranken Herzen kommt; auch von einem kranken Bewußtsein. Das Bild der Identität, die wir täglich erkämpfen müssen, um in der feindlichen Welt zu überleben, bricht von innen auseinander; wir fühlen es geradezu bersten.«[16]
In Cambridge fiel sie auf als Perfektionistin, als Musterschülerin, als blonde Sportlerin aus Amerika mit dem Flanellrock. Sie war die »freie

Amerikanerin« unter zögernden viktorianischen Töchtern. Ihr Ehrgeiz, der Wunsch zu übertreffen, gehörte zur Uniform wie ihr geschminktes Lippenrot und das Samsonite-Gepäck in Weiß und Gold. Alles, was sie tat, wollte sie mit Härte, Mühe und Anstrengung tun. So erst schien es einen Wert zu haben. Wenn sie Rad fuhr, drückte sie ihren Kopf und ihre Schulter nach vorne, als vermöchte ihr bloßer Wille mehr als das Treten der Pedale.

Brief vom 2. Oktober 1956, Cambridge, England.
»Liebste, herzallerliebste Mutter, etwas überaus Wunderbares ist geschehen. Ich fand einen reizenden Brief von der Chicagoer Zeitschrift › Poetry‹ vor, in dem stand, daß sie meine Gedichte herrlich finden und SECHS (!) kaufen wollen! Weißt du, was das bedeutet? Sie zahlen 50 Cents pro Zeile. Sie haben offensichtlich Bedarf für eine neue lyrische Frau. Alles Liebe, deine glückliche Sivvy.«[17]
Sivvy: »Sissy», eigentlich Schwesterchen (etymolog. aus/»sister«)

Ihr Prüfungsthema in Cambridge hieß »Die Stilisierung in der Literatur«. »Ich habe sie definiert als jene Ordnung, Linie, Form, jenen Rhythmus in allen Dingen – angefangen vom Sonett bis zum Fischbeinkorsett –, der die ungebändigte Natur so verwandelt, daß sie erträglich wird.«[18] Ordnung und Rhythmus der Dinge, wie in magischen Zeiten scheinen ineinander zu stürzen. Das Zwanghafte, das »Korsettierte« dieser Ordnung wurde ihr lange Zeit nicht zum Problem. Mit Hilfe des »Stils« und des Gesetzes der Wörter übte sie ihre Macht über die Wirklichkeit. Sie gebot dem »Ozean« der Wörter und Bilder durch ein Prinzip, in dem die Autorität der Mutter weiterlebte.
Der Bruch mit dem »Stil«, die Tötung der Konvention – in der Sprache und an sich selbst – konnte nur heimlich, unter dem Vorzeichen der Katastrophe vor sich gehen.

Clarissa Roche, eine Freundin: »Sylvia war jung, schön, charmant, erfolgreich und glücklich.«[19]

Hochzeit mit Ted Hughes. Sie trägt das rosa Brautkleid der Mutter.

Wein und Sherry, luxuriös, erotisch. Sie könnte zur Alkoholikerin werden. Ich bin »vertikal«, aber ich möchte lieber »horizontal« sein, schreibt sie in ihren Aufzeichnungen aus Cambridge.

In den Wiesen vor Cambridge, in den gegabelten Ästen eines Baumes versteckte sie einen nach ihren Maßen modellierten Tonkopf. Aber eines Tages holte sie ihn sich wieder zurück. Sie hatte Angst davor, daß unbekannte Spaziergänger oder die Tiere ihn auf irgendeine Weise verletzen, verstümmeln könnten.

Tagebuch, 1959. »Unbehagen bei der 17-Seiten Geschichte, die ich gerade abgeschlossen habe. Ein steifes künstliches Stück über einen Mann, der von einem Bären getötet wird. Keine emotionalen Unterströmungen sind eingegangen. Als ob eine kleine hygienische Falltür die kochende und untergründige Seite meiner Erfahrungen abschneidet. Was dabei herauskommt, sind hübsche und künstlerische Statuen. Ich komme nicht richtig aus mir heraus.«[20]

In einem Gedicht über Sylvia Plath schrieb Paula Rotholz: »Her red shoes will not stop«.[21] Ihre roten Schuhe wollten immer weiter tanzen und nicht stillstehen. Von ihrem Mann, Ted Hughes, wurde sie abends unter Hypnose zum Einschlafen gebracht.

»Auch du hinterläßt diesen Eindruck von etwas Schönem und Vernichtendem.«[22] Von einem bestimmten Tag an konnte sich Sylvia Plath nicht mehr an die Zeit erinnern, in der sie nicht mit Ted Hughes verheiratet war. Von da an glaubte sie der Legende, daß Eva aus der Rippe Adams genommen sei. Er war ein mittelloser exzentrischer Lyriker, der Sohn eines englischen Proletariers. Sie liebte ihn als »european dream«. Er hatte die Anziehungskraft eines phantasievollen Vampirs. In seinen Taschen befanden sich Gedichte, frische Forellen und Horoskope. Er hörte das Lied der Telefondrähte über dem Moor und sah, daß die Weideflächen von Yorkshire aussehen konnten wie die Schlachtfelder des Ersten Weltkriegs. Die Gräber lagen hier dicht unter der Oberfläche der Erde. Der Tabakladen des Vaters, der Geruch der getrockneten Pflanzen in dem kleinen Verkaufsraum ließen ihn zu einem unter den Kindern der Minenarbeiter und Eisenbahner werden. Er hatte Spielzeugtiere aus Blei und schoß im Wald bei der Jagd auf die richtigen Tiere. Dann ging er in die Stadt, arbeitete als Rosengärtner, Nachtwächter, Stahlarbeiter, Zoowärter und heiratete die Amerikanerin.
In einem Hörspiel beschrieb er die Geschichte eines Mannes, der auf dem Weg zur Stadt einen Hasen überfährt, das tote Tier für ein paar

Shillinge verkauft und für das Blutgeld seiner Geliebten zwei Rosen mitbringt.

Unabhängig voneinander sagten im gleichen Jahr zwei Freunde über sie, sie hätte Ähnlichkeit mit einer »Neu–England-Medea« und mit der jungen Frau auf einer Kochreklame.[23]

Aurelia Plath in Wellesley, Massachussets. Die Mutter, die Freundin, die beste aller Frauen, die Heitere, Tapfere, Pünktliche. »Die Heilige«. Sie hatte ihre Kinder behütet und beschirmt: hatte nicht gewollt, daß sie trauern mußten über den Tod des Vaters; verzieh es der Tochter großzügig, daß sie sich als Zwanzigjährige hatte umbringen wollen; hatte sie aufgemuntert und getröstet bei ihren Besuchen im Krankenhaus; hatte frühen Stolz gezeigt über ihre schnelle Reinlichkeit und Ordnung; war mit einem erbärmlichen unterbezahlten Job jahrelang darum bemüht gewesen, den Kindern alles zu geben, was sie für ihr Leben brauchten, Unterricht im Fechten, im Segeln, im Tanzen und Klavierspielen.
Jetzt baute der Sohn Computer für ganz Amerika und die verheiratete Tochter lebte als erfolgreiche Schriftstellerin im Ausland.

Die Entfernung zwischen Wellesley und London: Brief vom 21. Oktober 1962. »Liebe Mutter. Erzähl mir nicht, daß die Welt etwas Heiteres braucht! Der Mensch, der aus Belsen kommt – physisch oder psychisch – braucht keinen, der sagt, die Vögelchen zwitschern immer noch, er braucht das volle Wissen, daß noch jemand da gewesen ist und das Schlimmste weiß. Mir hilft es mehr, zu wissen, daß Leute geschieden werden und durch die Hölle gehen, statt etwas über glückliche Ehen zu hören.«[24]

»Ich konnte nichts anderes werden als eine Schriftstellerin, aber ich war keine«[25] Sylvia Plath arbeitete an ihrer Sprache, um ein Profi zu werden. Ein Profi war ein ernsthafter Forscher der Realität. Als sie sich entschlossen hatte, nicht Collegelehrerin in Amerika zu werden, sondern freie Schriftstellerin in London zu sein, machte sie die Entdeckung, daß ihr Leben kein Thema ihres Schreibens sein konnte. Kein Ereignis erschien »ready made« für eine Geschichte von wenigstens zwanzig Seiten. Das Leben war flüchtig wie dünne Luft. Sie entdeckte das Vakuum.

In dem Roman *Die Glasglocke* beschrieb sie ein Festessen in New York und wie sie sich damals an einem Hummer vergiftete. In einer Ausgabe des Magazins *Mademoiselle* war die festlich dekorierte Tafel in auffälligen Abbildungen noch einmal zu sehen gewesen. Unter dem blendenden Licht der Fotobirne wirkte der Hummer verführerisch, sanft und delikat. Das Auge erriet nicht, daß sein perfektes Fleisch vergiftet war. In einer späteren Szene des Romans wird das medizinische Lichtbild eines schönen lachenden Mädchens beschrieben. Auf seiner linken Wange ist ein schwarzes Muttermal zu sehen. Zwanzig Tage, nachdem es dort erschienen war, war das Mädchen tot. Solche Lichtbilder, *Mademoiselle*-Bilder, gibt es auch von Sylvia Plath. Im Badekostüm für die Zeitschrift *Varsity,* als lächelnde Mutter, Schwester, Tochter, Schriftstellerin. »Sie blieb immer warm, freundlich, talentiert; eine amüsante Person, ein selbstbewußter Kumpel.«[26]

Über ihrem Schreibtisch in London konnten ihre besten Freunde die herausgeschnittenen Bilder aus alten amerikanischen Magazinen betrachten. Es waren Bilder von perversen Mordtaten, die ätzenden Erscheinungen mißgebildeter Knochen, verschüttetes Blut, verfaulte Organe. »Ich sehe«, sagte sie zu dem englischen Lyriker Georg Mac Beth, nachdem sie seine Gedichte gelesen hatte, »Sie haben in Ihrem Innern auch ein Konzentrationslager.«[27]

Ihre ethnologische Phantasie, den Vater beschreibend. »Barbarisch und gotisch: rein deutsch«.[28]

Jean Jacques Rousseau beschreibt in seinem Roman *Emile* die Frau als Schauspielerin oder Papagei. Roland Barthes tadelt ihre Geschwätzigkeit. Stendhal vergleicht sie mit einem lächerlich hochschießenden Baum, den man in einen fremden Wald versetzt hat. »I like black statements: ich habe schwarze Aussagen gern«, schrieb Sylvia Plath und meinte die verschlüsselte Redeweise der Tauben, Stummen, Blinden und Frauen.[29] Wenn die Philosophen auch etwas tiefer ins Dunkle geschaut hätten.

Sie nannte sich »das Mädchen des Zauberkünstlers, das niemals zuckt«.

»Tu deinen Schritt, sieben Meilen!«, schrieb sie in ihrem Gedicht *Gul-*

liver.[30] Sie sagte es zu ihm und zu sich, Gefangenen der verkleinerten Perspektiven, und tat den Schritt. Da fiel sie aus den Markierungen der Welt heraus und aus den Riten ihres Geschlechts.

»Ich werde ein weiblicher Sänger sein.«[31]

Die Rolle des urteilenden Nachfahren beim Lesen ihrer Dichtungen ...

In London veröffentlichte sie ihren Roman Die Glasglocke unter dem Pseudonym Victoria Lucas. Die späten Gedichte, Ariel, erschienen ein Jahr nach ihrem Tod.
Ihre verheimlichten Produktionen, entweder anonym oder posthum.

Die Glasglocke. Minuten-Totalitäten des Schmerzes und ein irritierend witziges Mädchen in New York. Der amrikanische Traum, in Segmente geschnitten, parodiert an der Grabstätte des Vaters, auf der Madison Avenue, in den Korridoren der Geschlossenen Abteilung. Der Liebhaber trägt ein pflegeleichtes Netzhemd und hat ein Gesicht wie ein zerstörter Planet. Die Menschen sind zivilisiert und grotesk. Die Dinge sind zu nah oder zu weit entfernt, mutwillig, unzuverlässig. Alles, was fliegen könnte, steht starr. Das Mädchen aus New York reist mit dem Taxi über den Asphalt. Esther Greenwood ist 19 Jahre alt; wie 19 Telegraphenstangen oder 19 Kilometersteine. Das erste Bild des Romans beschreibt das Fließen der Elektrizität durch den menschlichen Körper. »Es war ein verrückter, schwüler Sommer, der Sommer, als die Rosenbergs auf den elektrischen Stuhl kamen.«[12] Vom Dach des Hotels wirft sie ihre Wäsche hinunter in die Stadt wie die Asche eines Geliebten. Das Mädchen in New York steht unter der Glasglocke: bewegungslos wie ein totes Baby.

Auf Wunsch von Ted Hughes waren sie aufs Land gezogen, nach Devon; in einen riesigen Garten mit achtzig Apfelbäumen. Die Spätnachmittage waren schon finster auf dem Land. Sie setzte auf die starken Farben und Gewebe der Teppiche in ihrem Haus. Sie wünschte sich einen roten Teppich. Sie horchte auf die Orgel und das Choralsingen aus der anglikanischen Kapelle, die an ihr Grundstück grenzte. Der Garten zog sich hin bis zur Anhöhe eines prähistorischen Grabhügels. Auf einer Photographie lehnt sie an einer Steinmauer in der Nähe des Hauses. Sie sieht aus wie ein nachdenkliches und erstauntes Kind.

Die Sprache: versteinert und wieder rissig geworden.

London. Am Tage trug sie eine neue Frisur. Die Lastwagenfahrer pfiffen hinter ihr her. Ted Hughes hatte sich in eine andere Frau verliebt; sie wollte aber kein Problem daraus machen. Ihr Kleid war gelb. Ihr Gesicht war heiter. Sie kochte und sorgte für ihre Kinder: so steht es in den Briefen, die sie nach Hause schrieb. In der Nacht hatte sie eine andere Sprache: in der Nacht entstanden ihre letzten Gedichte. Später bezeichnete Ted Hughes diese Gedichte als Kapitel aus einer Mythologie. Es sind Entdeckungen der Totenwelt: unter der Glasglocke Amerikas, in den offenen Fenstern Londons, in einer Tulpe, in einem Geburtstagsgeschenk. Den Tod dort sehen, wo jeder nur ans Leben denkt . . .

Zwei Versionen des Chaos. 1925 sagte Henry Ford, »lieber etwas Neues machen, das nichts taugt, als sklavisch die Pläne früherer Generationen nachzuäffen«.[32] Sylvia Plath schrieb ihr Gedicht *Mohnblumen im Oktober* morgens um vier im Zentrum einer seltsamen Stille, die nur von den Geräuschen des Milchhändlers unterbrochen wurde. »O mein Gott, was bin ich / Daß diese späten Münder schreien, offen / In einem Forst von Frost, in einem Morgengrauen von / Kornblumen.«[33]

Ihre letzten Gedichte, im Fieber geschrieben, sind dem Tod wie einem Spiel verfallen. Jedes Wort scheint über einem Abgrund zu sitzen. Der Winter dieses Jahres war so kalt, daß der Zugverkehr eingestellt werden mußte. Die Tage und Nächte waren geräuschlos in Schnee und Eis versunken. Das Mondlicht verwandelte die kalte Erde in Stein.

Die Unruhe zeigt sich in den »Spiegeln«. Wenn von ihnen die Rede ist, dann weil sie zerbrochen sind oder ihr Bild voller Risse und Ungenauigkeiten ist. Unruhe ist in den aufgelösten Reimen, im schreckhaften Sprechen, in den unnahbaren Bildern. Die Objekte der Alltäglichkeit werden dämonisiert, die Körper entstellt, in Stücke gerissen. Keine Flucht führt hinaus, nicht ins Leben und nicht in die Zerstreuung. Jetzt ist sie die Frau, die auf dem Todeswagen nach Auschwitz sitzt.

»Ich bin deine Mutter nicht mehr als die Wolke, die tropft, bis ein Spiegel entsteht.«[34] Getrennt im gleichen Haus: die Kinder verschluckt von dem Schatten des Unglücks der Mutter.

Das Ich ihrer letzten Gedichte ist ein Amalgam. Es hat etwas vom Material des Metalls oder weißer Korridore. Leben, zurückverwandelt in die Abstraktionen der Kultur. Das lyrische Ich war endlich ihr eigenes fremdes Ich, anästhesiert unter Lampen ohne Schirm. Wie von einem Messer freigelegt, lebt das Ich nur weiter im Aufschrei der Metapher. »Nun breche ich in Stücke, die fliegen umher wie Keulen.«[35] Das Ich gewinnt die Helligkeit einer so tödlichen wie souveränen Erfahrung. Je länger man in diese Todesbilder hineinschaut, desto größer wird ihre unbegreifliche, menschenferne Poesie. Sie sind das Dokument einer Odyssee, die den Ort ihrer Abkunft nicht wiedersehen will.

Sylvia Plath war eine »Sprachdiebin«. Sie stahl sich die Sprache der Männer aus Amerika und Europa zusammen und ließ sie dann fallen, achtlos. Die eigene Sprache mußte sie sich holen aus unbekannteren Gegenden.

Sie beschrieb die Freiheit der objektlosen Welt, Schönheit, die gesichtslos ist, das Bedeutungslose. Das weiße Papier erscheint als der einzige Herkunftsort der Wörter. Manchmal reichen noch Gedächtnisatome in dieses Sprechen hinein, der Vater, die Bucht des Ozeans. Sie sind verwüstet wie nach einer Detonation. Die Welt ist Ödland. Es gibt tote Kinder, tote Möbel, schwarze Telefone, die Dornen der Stechpalmenblätter. Die Menschen sind der Schöpfungsgeschichte als Horrorgestalten entlaufen.
Die Welt, jetzt, tausende von Jahren nach dem Sündenfall.

Ihre weibliche Macht: einen gigantischen, bösen Wachtraum vom Leben als Erfahrung mitteilen.

Die Biographen wundern sich, daß sie sich getötet hat trotz der Beruhigungstabletten des Arztes.

In der Hand hielt sie die Telefonnummer des Arztes. Sie war eine Amerikanerin. Sie war eine tote Frau in London.

»Der Tod ist eine Kunst wie jede andere.« Sie tauchte in den Ozean, durchquerte Kontinente, stürzte in den Schnee des Steilhangs, führte das Flugzeug wie ein virtuoser Pilot. Gestorben im Gas vor einem Küchenherd.

»Der große Frost war, so erzählen uns die Geschichtsschreiber, der strengste, der je die Inseln heimgesucht hat. Vögel erfroren mitten in der Luft und fielen wie Steine zu Boden. Es wurde allgemein vermutet, daß die große Vermehrung von Felsblöcken in einigen Teilen Derbyshires nicht durch einen vulkanischen Ausbruch verursacht war, sondern durch die Verfestigung unglückseliger Wanderer, welche buchstäblich auf der Stelle zu Stein geworden waren.«[36]

Die Berge und die Patriarchen
Leni Riefenstahl

>»Der Mann entfernt sich immer weiter,
> dorthin, wo die größte Macht sein
> könnte, wird so zur ›Sonne‹, als
> ob er es wäre, um den sich die Dinge
> drehen.« (Luce Irigaray, Speculum)

Männer des Olymp. Auf dem Grund des Meeres photographiert sie
Fische, die wie Bäume oder Schmuckstücke aussehen. Sie zeigt Fisch-
gesichter, die Blumen oder Sternen gleichen, und den Stoff ihrer Haut
als künstliche Landschaften. In ihrem Olympia-Film von 1936 hatte sie
die amerikanischen Turmspringer wie »fliegende Menschen« oder
»Vögel« gezeigt.[1] Neben die Säulen der Akropolis stellte sie die unifor-
mierten Faschisten, die trainierten Körper der Sportler: und Hitler, ste-
hend im Automobil. Leni Riefenstahl photographierte nicht Männer,
sondern Ideen des Männlichen. Ihr Weg als Photographin und Filme-
rin der nationalsozialistischen Zeit ist eine Entdeckungsreise in die
Systeme der männlichen Repräsentationen, Spiegelungen. Die giganti-
sche Reichweite der Erkundungen – im Roten Meer, in der Antarktis,
in Afrika, im alten Europa – korrespondiert mit der Allmacht der
Objekte.
Leni Riefenstahl erweiterte die Spätgeschichte des Patriarchats um ihre
Poesien. Sie nahm den Rohstoff: Sportler, schwarze Krieger, weiße Soldaten, und bearbeitete ihn. Sie machte ihn zum Bild und zum Appell.
Sie ist die »Seherin« patriarchalischer Zeichen, komponierte Gedichte
aus Licht und Macht. Der männliche Logos erscheint in einer Schönheit, die ihm selber fremd ist. Seine starre, schwere Siegesmaschine
hebt sich vom Boden ab, wird schwebend und bereichert sich um Perspektiven, die prächtig, erhaben, drohend oder leicht sind.
Der Olympia-Film Leni Riefenstahls beginnt mit einem Sonnenunter-
gang. Zwielicht liegt auf den steinernen Tempeln der Akropolis. In
sanften Überblendungen scheint das Material der Steine in Auflösung
zu sein; es schwimmt, es bewegt sich. Die Kamera umkreist die Ruinen

und übergroßen Säulen wie eine Beute, die ihr zufallen wird. Die Steine scheinen sich zu erwärmen unter ihrem Blick. Ihre Oberfläche öffnet sich. Jetzt dringen Köpfe in den Raum vor: die weißen, behelmten, makellosen Köpfe griechischer Götter. Das fahrende Auge der Kamera ordnet sie an im Raum: sie lösen sich aus dem Hintergrund der Säulen, gleiten nach vorn, verschwinden und kehren von den Seiten her zurück. Köpfe, jetzt nah, jetzt fern, losgelassen im Raum wie Flugobjekte. Die Götter, die archaischen Idealitäten haben Leben angenommen.

Eine fließende Überblendung führt in die Gegenwart und in die Geschichte der Menschen. Aus dem Körper des weiß belichteten Gottes löst sich der Olympia-Kämpfer. Er tritt aus dem Gott hervor und bewegt sich wie er. Der Gott, der Mann, das Subjekt. Diese Bewegung in den sich ablösenden Bildern mündet in das Stoßen der Kugel, in den Wurf des Speeres, in das Kämpfen der Degen, ins Laufen, Springen, Stemmen, Boxen.

Das Ensemble dieser Bewegungen konstituiert die Geschichte des Patriarchats. Leni Riefenstahl zeigte den Raum dieser Geschichte als Kultstätte. Olympias Feuer wird zur Fackel des Triumphes in der Hand des Mannes. Sein Lauf – in Athen bricht er auf – endet beim Führer in Deutschland. Der Lauf ist eilig, der Läufer kennt sein Ziel. Selber Gott, läßt er die Götter und die Ruinen der Akropolis hinter sich, und Attika, Korinth, Eleusis. Er schlägt sich durch das Gestein, gelangt ins offene Land. Die Sonne fällt, eine Stadt liegt vor ihm, er wird erwartet. Weiter läuft er mit der Fackel, stetig, durch Wasser und unter Bäumen, bis unter die Olympia-Fahne in Berlin, englische, spanische, amerikanische Fahnen. Sie bewegen sich unter dem Mond – inzwischen ist es wieder Nacht geworden – und künden von *einer* Idee, von *einem* Geschlecht, von *einer* Geschichte. Wie naturgegeben ist die Harmonie der Zeichen, wie ein Rausch, so suggestiv deutlich. Alles Leben scheint von ihr erfaßt zu sein.

Frauen, mitgezogen, blicken zu dem Schauspiel auf oder winken von den Rängen herunter. Dann tragen sie Tücher, Handschuhe oder Hüte – Verhüllungen ihrer Sprachlosigkeit. Leni Riefenstahl kämpfte nicht mit in der männlichen Manege, und sie stand nicht applaudierend neben ihr. Sie verließ den Rahmen jener undeutlichen Verteilung des Weiblichen im Raum. Ihre Bilder gehörten nicht dem eigenen Geschlecht; nicht der eigenen Geschichte brachten sie Licht. Ihr Standort war der vor der Olympia-Rampe des männlichen Kampfes.

Sie stellte sich ihm gegenüber, hängte ihm Spiegel hin, deutete sein Geschehen und machte es zu ihrem Selbst.

Leni Riefenstahl beschreibt, wie sie im Alter von sechs Jahren begeistert Tschaikowskys Ballett »Schwanensee« sieht, den Kampf der guten, starken, weißen Schwäne gegen die bösen, schwarzen. Sie wollte immer auf der »weißen« Seite stehen, haßte den Dreck, die Armut, die düstere, »schwarze« Ohnmacht der Unterlegenen. Sie leuchtete die »weißen« Schwäne aus: die Sieger.

Tausendfach weiß war die Welt erst unter dem Licht der Atelierlampen. Die Rhetorik der Bilder macht das Sichtbare noch sichtbarer. Die Götter-Körper. Die Olympia-Körper. Die sonnenhellen Nuba-Körper. Die Helme. Die Stiefel. Soldatenschritt. Führergruß. Frauenblick. Die Rhetorik setzt das, was »oben« ist, das, was den Weg ins Helle geschafft hat, in Szene. Nicht das Unterdrückte, nicht das Untergrabene sucht sie sich, sondern die sichtbare Höhe: die Welt der Stabhochspringer, der Bergsteiger, der Kämpfer, der Redner auf der Tribüne. Das Überdeutliche, den Wurf, das Manifeste.

In der Zeitlupe dehnt sich der Flug des Stabhochspringers zu Ewigkeiten. Das Tempo, die Kraft, trainierte Energie, wie stillgestellt über der Meßlatte. Der Körper in seiner extremen Situation, in seiner exzessiven Bewegung und Haltung, gleitet in Schwerelosigkeit. Der dumpfe Ablauf der Rekorde wird unterbrochen, die leeren Formeln der Wiederholung, der Steigerung, geraten ins Stocken. In den schwebenden Bildern zeigen sich die dumpfen Rituale des Sieges in einer unvermuteten Schönheit.

Der Schatten der Marathon-Läufer fällt auf den glühenden Asphalt der Avus. Die Natur, Sonne und Wolken, umfängt noch die Körper, die schon Maschine sind. Ihre Werkzeugteile arbeiten. Leni Riefenstahl filmt die Körper-Lokomotiven in Zeitlupe. Sie filmt Geräte, Statik, Konstruktion: ein unentwegtes, erregend fehlerloses, perfektes Triebwerk. Sie zeichnet ein euphorisches Gelingen und Schatten der Erschöpfung in die kämpfenden, siegenden Körper ein. Die Kamera entreißt der keuchenden männlichen Fortschrittsmaschine Bilder der Faszination; sie betreibt männliche Geschichtsschreibung.

Die Nacht zeigt das elektrisch erleuchtete Stadion. Es ist menschenleer. Aber man braucht die Menschen jetzt nicht mehr zu sehen. Sie sind noch da. Aus eigener Erfindung jetzt bevölkert das Auge das leere Stadion auf dem Zelluloid mit seinen Helden und ihrem Werk. Im

Leni Riefenstahl

Dunkeln, in der Leere ordnen sich die Symbole, festigen sich die Beschriftungen, errichten sich die Denkmäler wie von selbst.

(Unterdessen hat sich der Vorführer, der die nächste Filmrolle eingelegt hat, geirrt. Ohne daß er es bemerkt, läuft sie eine Weile lang rückwärts. Die Bilder zeigen eine unerwartete andere Ebene der Wirklichkeit. Man sieht die Sprünge der Sportler in der Ruhe münden. Die Uhren laufen verkehrt. Das Winken der Frauen nimmt sich zurück. Die Körper streben ihrem Ausgangspunkt zu. Die Wurfgeschosse kehren wieder.

Die Turmspringer kommen direkt aus den Wolken. Ihr Sprungbrett sieht man nicht. Man sieht sie nur fallen und in das tiefe Wasser stürzen. In einer wundervollen Dramaturgie kommen sie von oben, lassen sich fallen und tauchen unter. Zuerst drehen sie sich langsam, kompliziert, kunstvoll. Es sind ganz eigene Organisationen. Vorweltliche Wesen. Oder Sterne. Die Musik beschleunigt sich. Die Stürze beschleunigen sich. Die Körper fallen gerade. Wie Pfeile treffen sie auf dem Wasser auf. Sie drehen sich nicht mehr. Sie stürzen nicht mehr einzeln, sondern zu zweit, zu dritt. Immer kürzer werden die Schnitte. Die Körper fallen wie Bomben.

Heroenkörper. Berlin, 1924: im Rhythmus der künstlichen und glühenden Gehirne, die der Fortschritt geschaffen hat. Leni Riefenstahl steht in einer Bahnhofshalle vor einem riesigen Kinoplakat. Das Plakat zeigt eine »wuchtige Männergestalt«, die einen gewaltigen Felskamin überschreitet.[2] Der angezeigte Film heißt »Der Berg des Schicksals« und ist von Arnold Fanck. »Ich starre wie hypnotisiert auf dieses Bild«, schreibt Leni Riefenstahl, »auf diese mächtig aufstrebenden Felswände, auf den Mann. Als ich zu mir komme, wie aus einem Traum erwache, fährt die Bahn gerade hinaus und taucht in den Tunnel der Kleiststraße.«[3] Der Berg und der Bergsteiger, diese narzißtischen Idealbilder des Männlichen erstrecken sich nicht nur über das Kinoplakat: »wie im Traum« öffnet sich das Unbewußte, im Wiedererkennen eines geliebten Ebenbildes. Der Berliner Schnee - »unscheinbar und zu nichts nutze« – scheint schmutziger zu werden. Die Stadt liegt da wie »ein farbloser, schrecklicher Steinhaufen, voller Unlust.«[4]

Von der trüben, schmutzigen, unübersichtlichen Stadt heben sich die Berge leuchtend ab. »Ich war ihnen verfallen«, schreibt Leni Riefenstahl. Sie identifiziert die Berge als »Symbole des Kampfes«, als »Gefahr«, als »Widerstand«, »Leidenschaft«, »Verschlagenheit«. »Das ist starkes Leben, und Leben ist schön.«[5] »Das blaue Licht« (1932) heißt der erste Film, in dem sie Regie führte. Der Titel ist eine Erinnerung an ein frühes Tanzstück, »Die Blaue Blume«, in dem sie aufgetreten war. Die Bewegung des Körpers steckt noch in ihr, als sie beginnt, die Architektur und den Rhythmus der Kino-Bilder kennenzulernen. Über ihre Arbeit bei Arnold Fanck schrieb sie: »Ich lerne schneiden. Die Folge der einzelnen Szenen, entdecke ich, gibt vielen Aufnahmen nachträglich einen ganz anderen Sinn, eine ganz neue Bedeutung, eine vollkommen neue Idee. Ich bin oft sprachlos, welche Wirkungen, welche großartigen Symphonien entstehen.«[6]

Schönheit, Verlockung und Zufall der Natur verlegt sie bei Vollmond in die Dolomiten. Sie selbst spielt Junta, das Zigeunermädchen. Junta ist die einzige im Dorf, die, geleitet von einem geheimnisvollen blauen Licht, die Hänge des Monte Christallo erklimmen kann. Aber das Licht, so zeigt sich, ist das Glitzern eines kostbaren Schatzes; es ist Geld. Damit erlischt sein Schein für die Augen Juntas, und sie muß in die Tiefe stürzen. Der Film hinterließ bei seinem Publikum die Trauer über eine rohe, märchenlos gewordene Zeit. Junta verkörperte heidnisches, elementares Leben. Ihr Lumpenkleid gehört den Bezirken einer heiliggesprochenen Weiblichkeit an. Junta ist die schöne Seele, Reinheit der Begierde, sich verschwendendes, zweckfreies Wesen. Ihr Körper ist Sehnsucht und Bild. In den Konnotationen der Zeit wird er zur monströsen faschistischen Propagandafläche, errichtet gegen die Demokratie der Geschlechter, gegen die Prostitution in den Großstädten, gegen die »Entartung« der modernen Frau.

Dieser Körper opponierte gegen die geltenden masochistischen Ökonomien des Weiblichen: Bild der Unverletzbarkeit und Gestähltheit, ein Heroenkörper, strapaziert, gefährdet, verwundet, geheilt. Er tauchte unter in einer rutschenden Lawine, hing in zwanzig Meter Tiefe zwischen zwei Felswänden an einem Seil, stürzte rücklings in eine Gletscherspalte für eine Aufnahme im »Heiligen Berg«, steckte sich an einer Fackel in Brand.

Die Einfügung dieses Körpers in die Systeme des Männlichen gelingt nur unter Todesgefahr. Leni Riefenstahl, die einzige Frau unter den Bergfilmern der Dreißiger Jahre, war vom Fetisch der »Authentizität« erfaßt; mit Tricks wurde nicht gearbeitet. Es war eine Art von Zwang, die Phantasien restlos ins Bild zu übersetzen. Nichts durfte »liegenbleiben«, nichts verschoben, aufgehoben, fallengelassen werden. In ihrem berühmt gewordenen Aufsatz über Leni Riefenstahl sprach Susan Sontag in diesem Zusammenhang von der »Pornographie« ihrer Kunst: »pornographisch« sei das Ideal der Verwirklichung um jeden Preis, die lückenlose Übersetzung des Phantastischen in Realität.[7] Man könnte die Entscheidung für das Risiko und »das Authentische« auch entziffern als ein unaufhaltsames Unterwegssein des Körpers zu den Orten der Macht und Außergewöhnlichkeit. Körper, der sich entschädigt für die Unsichtbarkeit und Abwesenheit eigener Projektionen und Bilder seines Selbst.

»S.O.S. Eisberg« von Arnold Fanck. Leni Riefenstahl steht in dem blühenden Wintergarten eines Wohnzimmers. Sie ist weißgekleidet. Vor einem Spiegel setzt sie ihren Hut ab. Im nächsten Moment wird sie sich entscheiden, als einzige Frau an einer Expedition in die Antarktis teilzunehmen.

Die Antarktis liegt am Rande der Welt; dort gibt es Eisberge. Der Film zeigt, »was noch nie ein Mensch gesehen hat«: die Geburtsstunde eines Eisbergs. Die schwimmende Gletschermasse ist das gewaltigste Naturereignis der Erde. Die Kamera steht 124 Meter über dem Boden: im Bild hat sie 700 Millionen Tonnen Eismasse. Das entspricht der Häusermasse von Berlin. »Wir sind die ersten Menschen und die letzten, die die Eisberge besteigen«, sagt der Expeditionsleiter.

Das Eismeer ist eine Todeslandschaft. Aber die Männer, die sich darin nur angeseilt bewegen können, kommen trotzdem voran. Auf dem Gipfel eines riesigen Eisbergs kommt der Expeditionsleiter ins Bild. Dort, wo die Natur noch autonom erscheint, muß das männliche Ego am unerbittlichsten sein. Das Eismeer blitzt kalt und frostig. Was der Mensch kann! Er überwindet seine eigene Schwere. Er erobert sich den Superlativ. Er kämpft mit jedem Tod. Er setzt seine Spuren in die entlegenste Natur, dann verläßt er sie wieder. Er erweitert den menschlichen Raum bis ins Ausweglose; auch dort bahnt er sich noch Wege. Leni Riefenstahl sitzt wie die »Frau vom Meer« auf einer Eisscholle und blickt in den Fjord hinein. Ihre Gestalt verliert nicht den Ausdruck des Romantischen, Leuchtenden. Er bettet solidarisch das mühselige Männerwerk in sich ein. Das Wrackteil eines abgestürzten Rettungsflugzeugs zieht im Wasser vorbei: die Kamera nimmt sich jetzt Zeit. Die Eisberg-Silhouette blitzt im Hintergrund als Fata Morgana; die Eisberge leuchten unvermutet. Sie sind unter den Blicken der Frau wie eisige Verkörperungen der Sphinx über das Wasser gebreitet. Sie zeigen sich archaisch, gigantisch, eigenständig – unbeherrschbar.

Die Frau entziffert den »Eisberg«. Sie sieht sein Imaginäres. »Das Imaginäre ist mehr als Innerlichkeit: es hat eine Sprache.«[8] Sie ist fasziniert vom Bild einer fernen Macht. Während die männlichen Eroberer nur noch das besiegte, stumm gemachte Objekt sehen, wird die Frau zur Herrscherin über die glitzernde Oberfläche, über zufällige Schönheiten des männlichen Sieges. Sie verwaltet Abfall und Surplus der selbsttätigen Fortschrittsmaschine.

Komplizen der Ohnmacht. In ihrem Buch *Speculum. Spiegel des anderen Geschlechts* schreibt die französische Psychoanalytikerin Luce Irigaray: »Die Frau wird . . . ein strenges Über-Ich begünstigen. Ihre Triebe (bleiben) ohne Zeichen, Symbole, Embleme, sogar ohne Schriftbilder. Sie finden Ausdruck nicht in Worten, sondern in Kryptogrammen.«[9] Die Sprache der Kryptogramme weist auf Defizite: auf Ungelebtes, auf eine ungedeutete Potenz. Sie liegt eingeschlossen, unaufgeweckt in den dichten, winzigen Zwischenräumen der Geschichte. Das Gesicht dieser Geschichte ist von den Manifestationen der männlichen Macht gezeichnet. In ihrem Schatten lagern die dissoziierten und unvollkommenen Spiegelungen des Weiblichen, die darum dunkel, schmutzig, minderwertig, niedrig, »proletarisch« erscheinen. Das Weibliche ist ohne Glanz des eigenen Bildes. Ohne eigenen Entwurf des Idealen. Seine Kultur ist vergraben, unterbrochen, versäumt. In der Furcht vor dieser Armut werden die Frauen die besten Komplizinnen der »privilegierten« männlichen Machtsysteme.
Die Frauen der dreißiger und vierziger Jahre in Deutschland hatten Seele, Hüterin, guter Geist des männlichen Fortschritts sein sollen. Sie wurden definiert als »Wesen«, als Figur der Andersheit, als lindernde und getreue Zuschauerinnen der männlichen Arbeit. Joseph Goebbels wies 1933 in seiner Rede über das »deutsche Frauentum« darauf hin, daß es bisher nur die Nationalsozialistische Bewegung vermocht hatte, die Frau aus der »unmittelbaren Tagespolitik fernzuhalten«. »Es darf nicht ungesagt bleiben, daß Dinge, die dem Mann gehören, auch dem Mann bleiben müssen.«[10] »Das Weibliche« wird zum transzendentalen Ort erklärt; zur Gestalt der reinen, hellen, verzeihenden Natur.
Leni Riefenstahl bedient ihre Kamera wie einen vergrößerten Blick, den sie auf das männliche Schauspiel richtet. Sie ist die »Aufnahmeleiterin«, die Arrangeurin des männlichen Szenariums. Sie holt die Männer »ins Bild«. Sie ist Deuterin eines Geschehens, dessen technische und politische Qualität ihr nur Rohstoff war: Rohstoff für eigene

Phantasien von der Sichtbarkeit des Idealen. Ihre Arbeit liegt in der Übersetzung des Rohstoffs in das Pathos ihres weiblichen Sehens. Sie ist die »Seele« der männlichen Exerzitien, eine geile und besessene Schöpferin magischer Darstellungen »des Männlichen«.

In den Bildern der Leni Riefenstahl ist etwas von dem, was die späte Geschichte des Patriarchats, in der Phase der bürgerlichen Aufklärung, von sich abgestoßen hat. Georges Bataille nannte es den »heteronomen«, widerspenstigen Stoff des menschlichen Lebens: »Körperteile, Personen, Worte und Handlungen, die einen ansteckenden erotischen Wert haben.«[11] Die faschistische Revolte schlug Kapital aus den Defiziten der westlichen Demokratien. Die moderne Seele gewann sie in einem erotisch-ästhetischen Akt, indem sie sie aus der flachen Beleuchtung des modernen Lebens in die dramatische Helle des Flutlichts und der Scheinwerfer hinauslockte. Die Propaganda trainierte die Menschen als Betrachter und Zuhörer eines sinnlichen Spektakels. Sie okkupierte den Wunsch der Massen nach bedeutenden und heroischen Spielräumen des Lebens: Spielräumen jenseits der Monotonie und »Langeweile« der demokratischen Ordnungen.

Ihren Ort, zugleich ihr Grab fanden sie in der Gestalt des »Führers« und seines »Volkes«, in den grellen Signalen einer »Neuen Zeit«. Man wollte wieder glauben an Wunder und Märchen. Eine kulturelle Utopie wird geboten, die den Alltag und die Natur jenseits ihrer Zerrissenheit und Entfremdung in harmonischen Grundmustern beschreibt. Alfred Rosenberg sprach in seinem Buch über den »Mythos des Zwanzigsten Jahrhunderts« von der »Mythenlosigkeit« des »bürgerlichen« und »marxistischen« Deutschland. Die neue Zeit braucht neue Lieder. »Um in diesem Chaos die Herzen emporzureißen, dazu bedarf es Luther-Naturen, die hypnotisieren und Schriftsteller, die die Herzen bewußt ummagnetisieren!«[12] Die faschistische Revolte versprach eine Vagabondage in unendliche und ewige Räume, in neue Zeiten. Das Leben selbst scheint neu. Man ist daheim und doch auf einem anderen Stern. Den disparaten Vorstellungen, den ungenauen Wünschen nach der Überschreitung gab Joseph Goebbels in seinen Reden an die Deutschen den Klang des Revoltierenden, des radikal Ketzerischen: Sprecher all jener, die nichts zu verlieren haben, aber alles zu gewinnen. »Es liegt im Wesen jeder echten Revolution, daß sie keine Kompromisse kennt.«[13] Die Faschisten usurpierten die Sprache gesellschaftlicher Außenseiter. Sie gaben sich als die vom Gang der Zivilisation betrogenen Deutschen: wagemutige Rebellen, von den Rändern her vorstoßend, die ihr Recht fordern. Objekt der Geschichte, verlangen sie nach der Macht des Subjekts. In diesem Klang, dem »Rattenfänger«-Klang, treffen sich die Faschisten und Leni Riefenstahl als Komplizen. Beide fühlen sich betroffen von einer Demütigung.

Ihre Liaison beruhte auf dem Willen beider, in ein System geschlossener Machtverhältnisse einzubrechen. Beide repräsentieren gesellschaftlich verdrängte Ansprüche: die Frau, zur parasitären Existenz in einer männlich beherrschten Kultur bestimmt, und die Faschisten, die sich als »Revolutionäre« im Kampf gegen das bürgerlich demokratische System verstanden. Was die Faschisten und die Frau zusammenführte, war die gleichgeartete Beziehung zur Macht der anderen.

Nürnberger Requiem. Der Vater, ein Berliner Geschäftsmann, hatte sich einen Jungen erhofft. Ihm wollte er seine Unternehmungen übertragen. Das Fluidum dieses väterlichen Wunsches lag über der Kindheit der Tochter. Sie malte, später tanzte sie in der Russischen Ballettschule in Berlin. In einem Interview aus dem Jahr 1972 sagte Leni Riefenstahl: »Mein Wunsch war es, allein zu tanzen, meine eigenen Phantasien zu tanzen. Ich war immer anders als die anderen. Ich entwarf meine Kostüme selbst, choreographierte meine eigenen Tänze«. Max Reinhardt hätte gern mit ihr gearbeitet: er sah in ihr die Verkörperung der Kleistschen »Penthesilea«. (siehe Anhang)

»Die beiden Elemente, Tanzen und Malen brachten die Bilder hervor, die meine sind.«[14] Als Leni Riefenstahl 1934 den Nürnberger Parteitag filmte, zeigte sie das Neue Reich der Deutschen in glänzend choreographierten Massenauftritten und die Gesichter in Großaufnahme als deutsche Mythen: »der Führer«, »die Frau«, »der Soldat«, »fröhliche Jugend«, »erwachende Zeit«. Bei diesem Film waren 170 Personen beschäftigt, 36 Kameramänner, 9 Flugkameramänner, 17 Lichttechniker. Der Film zeigt nicht die wirkliche Chronologie des Parteitages. Er zeigt eine virtuelle Chronologie: die der Idee und des Traumes vom Parteitag. Das Geschehen wird aufgesprengt und symbolisch zerlegt in drei Tage. Seine Schauplätze sind die Stadt, der Saal und die Manege. Die Bilder konstruieren einen Sog, ein Fluidum. Tausend Filmschnitte setzen den deutschen Rausch zusammen.

»Ich kann es nicht ändern, daß ich alles mit Filmaugen sehe. Ich möchte selber Bilder formen. Ich habe ein immer stärkeres Verlangen, selber zu schaffen. Ob ich auf einsamen Gebirgswegen gehe oder mit dem D-Zug nach Berlin fahre oder im Lärm der Großstadt bin - immer steigen

Bilder in mir auf.«[15] Das Komponieren der Bilder bedeutet Macht und Freiheit; ein Gesang, dem kein menschliches Ohr widerstehen kann. Der Nürnberg-Film, diese Choreographie der jubelnden Unterwerfung, setzt Augenblicke, Gesichter und Gesten, weit über die Stadt gestreut und von Zufälligkeiten bestimmt, zu einer geschlossenen Komposition zusammen. Im fertigen Film sind sie Elemente einer unausweichlichen Logik. Die Auftritte der Redner, das Lodern der Fackeln, die grellen Spaten der Arbeitsdienstmänner, die ernsten oder drohenden, die ekstatischen Gesichter der Männer fügen sich zu einer neuen Einheit. In dieser gelungenen Montage der Fetische kann nichts im Bilde bestehen, was nicht seinen Dienst leistet für die Totalität des Gebildes.

Das geschlossene ästhetische Universum des Films ist seine eigentliche Unterwerfung unter die Politik der Nationalsozialisten. Nicht Adolf Hitler erscheint im Bild, sondern seine zum Bild gewordene Macht: die schweigende oder die sprechende Oberfläche eines ehernen Gestirns. Er ist der kompetente Gott der Massen. Seine Rede wird zur Rhetorik der »höheren Zwecke«, die in der Sprache der Bilder lückenlos zur Erscheinung gebracht wird wie in einem Requiem.

Die mächtigste Frau des deutschen Faschismus war Herrscherin über die Mythen des Mannes. Sie genoß die Spätwerke des Patriarchats als Kunstwerke. Sie hat groß und tief gemacht, was sie groß und tief sehen wollte. »Im ›Triumph des Willens‹ ist das Dokument (das Bild) nicht länger das Protokoll der Wirklichkeit«, schrieb Susan Sontag, »die Wirklichkeit wird geschaffen, um dem Bild zu dienen.«[16] Leni Riefenstahl erhebt das Männerleben in den Rang der Weltordnung. Sie inszeniert Männlichkeit als Totalität. »Was mich wirklich interessiert«, sagte sie selbst, »sind Schönheit und Harmonie.« Adolf Hitler hatte ihr keine Auflagen für diesen Film gemacht, bis auf eine einzige: der Film sollte eine »Atmosphäre« haben. Ihre Aufgabe war es, den von den Männern beiseite geschaffenen und ausgestoßenen Eros ihrem Werk wieder zuzusetzen. »Die Männer haben kein Gesicht, umrißhaft schematisch sind die Teile der großen Maschine. Die zerstörte Sinnlichkeit bewegt sich endlos um sich herum.«[17] Leni Riefenstahl versetzte die exakte, kalte Oberfläche der männlichen Selbstdarstellungen mit Leben. Sie umkleidete die Härte mit Ausdruck. Die Monumente der Macht, die Monotonie der Aufmärsche ließ sie in Bewegung geraten. Sie verknüpfte Punktuelles und gab ihm Rhythmus und Symmetrie.

Das Bild eines organischen Ganzen entsteht. Es wird aus der Fülle winziger szenischer Segmente zusammengeschweißt.

Die Masse ist nicht stumm, sondern einig. Aus allen Winkeln, in immer neuen Einstellungen gefilmt, wird sie zu dem schönen, bewegten Leib einer Maschine, die nach einem Plan der Natur zusammengesetzt ist. »Ich wußte politisch nicht, was wichtig ist. Ich fragte nur danach, wo ist das beste Material; wo sind Steigerungen möglich. Ich habe mich darauf konzentriert, nur die Bilder und Bewegungen ineinanderzuschneiden.«[18] Jeder Schnitt verdoppelt oder vertieft die Wirklichkeit. Sie bekommt Bedeutung, Hintergrund. Sie wird zur Transzendenz. Schließlich repräsentiert sie ein Modell des Absoluten. Sie wird zur »höheren Wirklichkeit« des Patriarchats. Die Fackelparade, die Rednerauftritte, das männliche Lagerleben, die Ergriffenheit der Frauen: es sind Verkörperungen des Idealen, Triumphe des »Willens«. Leni Riefenstahl selbst sprach von »Stilisierungen« der Realität. Der Film bebildert süchtig die Genealogie der phallischen Macht, ohne Entweder – Oder. Jedes Bild führt die Unverzichtbarkeit der männlichen Siege vor Augen. Jedes Bild vergeudet Ressourcen des Weiblichen an einen Sieg, der selber das Weibliche aus seiner Geschichte verstoßen hat. Ein Sieg, der das Leben der zum Verstummen gebrachten Objekte vergaß, die Unformalisierbarkeit und Unabgeschlossenheit der Perspektive.

Jean Cocteau erzählte, wie er im Jahr 1951 in Paris den Olympia-Film Leni Riefenstahls erlebte. Er beschrieb zu Beginn das Publikum als »Beute« seiner politischen Emotionen. Aber, so Cocteau, nach einigen Minuten, waren die Betrachter ergriffen von der »Wahrheit« des Films. Man glaubte, was man sah. »Eine in den Bildern selbst liegende Wahrheit siegte über alles andere.« Ein Phantasma beweist sein eigenes Universum. Die Bilder sagen »Ich«: jedoch ist seine widersprüchliche Beschriftung nicht zu übersehen. Das Ich entschädigt sich an Kopien. An welche Wirklichkeit soll es sich halten?

Im Juli 1937 schrieb Julius Streicher, der Herausgeber des *Stürmer,* einen Brief an Leni Riefenstahl, in dem es heißt: »Bleibe unverstanden von den Unverständlichen. Geh lachend den Weg großer Berufung. Hier hast du deinen Himmel gefunden und in ihm wirst du ewig sein.«[19] Der Zugriff ist unnachgiebig wie eine Todesschlinge. Als furchtbare Drohung über der Geschichte des Weiblichen liegt die männliche Zeitrechnung in »Ewigkeiten« und Tausendjährigen Reichen. Werke werden als Monumente geplant. Das Licht, das von den Bergen fällt, blendet, ohne aufzuhellen. Die eingemauerten Bilder und Sprachen, die das männliche Werk begleiten, füllen unruhig und ungeduldig sein Inneres aus.

Licht-Körper. Ein Bild des englischen Photographen George Rodger zeigt einen Nuba-Ringkämpfer, der von seinem Freund auf den Schultern getragen wird. »Dieses Bild veränderte mein Leben«, schrieb Leni Riefenstahl. »Erst nach sechs Jahren (1962) konnte ich den Versuch unternehmen, »meine« Nuba zu suchen. Ich schloß mich einer deutschen Expedition an, die den südlichen Sudan bereisen wollte. Die Expeditionsroute sollte durch das Nuer-Territorium von Malakal nach Fangak führen, das einige hundert Kilometer südlich von Khartoum in der Nähe des Nil liegt. Fast in derselben Entfernung westlich von Malakal liegen die Nubaberge – das Ziel meiner jahrelangen Wünsche.«[20] Der Polizeichef von El Obeid im Sudan machte ihr klar, daß die Welt der Nuba nicht mehr die gleiche sei wie die auf jener Photographie von George Rodger: es waren Straßen gebaut, Baumwolle angepflanzt und Schulen eingerichtet worden. Dennoch ist es Leni Riefenstahl gelungen (die von der Mitteilung des Polizeichefs »furchtbar getroffen« war, wie sie schreibt), die Welt der Nuba so darzustellen, als gäbe es die neue Zeit nicht. Sie nannte »ihre« Nuba »Menschen wie von einem anderen Stern«, Menschen ohne »Uhren, Brille, Syphilis«.[21]

Die Bilder über das Volk der Nuba, das eine Minderheit unter den Völkern im Sudan darstellt, sind Bilder aus dem Zentrum der Magie: Kompositionen aus Körpern, Steinen, Waffen und Masken. Nichts könnte uns fremder berühren als diese Abbildungen von Gesichtern, Häusern oder Tätigkeiten, auf denen »das Gesellschaftliche« ihrer Form auf so perfekte Weise unsichtbar geworden ist. Die Bilder erfassen »reine Natur«, das alltägliche und rituelle Leben einer Gemeinschaft kurz bevor sie sich an die westliche oder islamische Welt verliert und darin untergeht. Der Blick der Bilder, nicht analytisch, nicht ethnographisch, legt die libidinöse Struktur einer Fremdheit frei: er versammelt die Rudimente entschwindender Schönheit und Macht und konstruiert sie als Imago.

Ein ungebrochenes Licht liegt über den schreitenden, kämpfenden, tanzenden Körpern der Nuba. Die Müdigkeit und die Sterblichkeit sind von ihnen ferngehalten wie die drohende Gefahr der von den Großstädten ausgehenden sozialen Veränderungen. Die Schönheit der Bilder ist so rein, wie die Natur der Körper, der Felsen und Hütten rein geblieben ist. Leni Riefenstahl herrscht über diese Schönheit mit dem Blicke derjenigen, die immer wieder »wie zum ersten Mal« hinschaut. Damit erhält sie sich die Reinheit ihrer Objekte.

Wie aus der Stellung der liegenden Frau heraus photographiert sie die Nuba-Krieger. Die Kamera ist von unten nach oben gerichtet; die Körper scheinen in den Himmel zu wachsen. Sie stehen zwischen den Felsen, weißstaubig oder geschminkt mit den Farben aufgelöster Steine, ewig und unbewußt. Ihre Erscheinung ist ohne Konkretionen: sie ist eine Chiffre für die eigene gefühlte Ferne und Fremdheit, die in allen Bildern der Leni Riefenstahl ist. Idee der immateriellen, der ungreifbaren Struktur des eigenen Lebens.

Die faschistischen Soldaten und die Nuba-Krieger tauschen die Masken und treten ins Licht zurück.

Anhang

Leni Riefenstahl, Aus den »Notizen zu ›Penthesilea‹«
(Planung eines Filmprojekts aus dem Jahre 1939)

Die faschistische Kulturpolitik begünstigte und förderte alle jene Projekte, die sich unmittelbar in den Dienst der nationalsozialistischen Idee stellen ließen. Dazu gehörten die »Olympia«-Filme und der Parteitagsfilm von Leni Riefenstahl. Das einzige Projekt, für dessen Realisierung sie selber kämpfen mußte, war die Verfilmung der Kleistschen »Penthesilea«. Leni Riefenstahl, die sagte, es gäbe kein Wort der »Penthesilea«, das nicht sie »selbst auch sprechen könnte«, hatte bereits weitgehende Vorarbeiten zur »Penthesilea« gemacht, als der Krieg ausbrach und das Projekt fallen gelassen werden mußte. »Ich habe mir die Handlung und Gestaltung so vorgestellt, daß die Bewegungen der Schauspieler, auch die der Massenszenen, stilisiert gestaltet werden sollten. Ich wollte zwar in Farbe drehen, aber die Farbe sehr sparsam, graphisch, wie Stein. Ich hätte auch die Natur stilisiert, die Sonne, zehnmal so groß, ein Baum, viel, viel größer und außergewöhnlich in seiner Form. So wie die Worte überhöht waren, so sollten auch die an sich echten Elemente in der Natur stilisiert sein, und so auch die Gestalten der Darsteller.«[22]

Wenn die Amazonen die Schlacht beginnen, stelle ich mir vor, daß berittene Herolde mit Fanfaren vom Ende des Zuges durch die aufgeteilten Reihen galoppieren und mit ihren Signalen den Auftakt geben für ein nun einsetzendes unheimliches Kampfgeheul der Amazonen. Kampfmusik und Schreien, unterstützt durch die wild galoppierenden Pferde, müssen eine unheimliche Steigerung herbeiführen. Die Erde muß von den stampfenden Rossen in große Staubwolken gehüllt werden.

Bei den Kampfszenen muß man oft in Großaufnahme die schwitzenden Pferdeleiber sehen – wildschäumende Pferdeköpfe – Pferdeleiber, die von nackten Frauenschenkeln zur äußersten Leistung angetrieben werden.

Im Manuskript müssen wir versuchen, die Schlachtszenen, die zeitlich getrennt liegen, in ganz verschiedener Stimmung aufzufassen. So könnte man eine große Kampfszene im Nebel stattfinden lassen, so daß Nebel und der von den Pferdehufen aufgewirbelte Staub sich zu fantastisch gespenstischen Formen verbindet. Der Ausdruck »gespenstisches Heer« muß auf diese Bilder passen. – Die Stimmung einer anderen Schlacht stelle ich mir vor unter glühender Sonne, wolkenlosem blauem Himmel, der im Film durch den Filter eine gleichmäßige graue Tönung hat, und die Kampfszenen fotografisch so aufgefaßt, daß sie in ihrer Plastik wie die Reliefs der uns überlieferten antiken Originale erscheinen. Ich sehe Bilder bei den Kampfszenen, wo Amazonen zu Fuß neben dem berittenen Heer laufen. Das gib Bewegungseffekte.

Dann viele herrenlose Pferde zeigen, die wild mitgaloppieren – dann stürzende, sich überschlagende Pferde in allen Variationen zeigen.

Bei den Großaufnahmen der kämpfenden Amazonen muß folgender Ausdruck zu finden sein: kühn und derb – dann wieder todwunde Amazonen.

Bei Szenen, wo die Amazonen fliehen, kann man zeigen, wie sie, auf dem galoppierenden Pferd sitzend, sich nach rückwärts wenden und auf der Flucht noch ihre Pfeile abschießen.

Dann Kampfbilder am Fluß Scamandros – im Fluß kämpfende und schwimmende Amazonen zeigen.

Bei den Kampfszenen der Griechen leiten die Kämpfer oft selbst ihre Wagen – viele haben einen Wagenlenker neben dem Kämpfer. Dann kommt es häufig vor, daß beim Kampf selbst sie den Wagen verlassen und zu Fuß kämpfen.

Nach Überlieferung der alten Sagen haben die Amazonen einige Schiffe der Griechen mit Brandfackeln angezündet. Sollte in diesem Film dieses Motiv eine Wirkung haben, die die Handlung nicht belastet, so könnte man es verwenden.

Man könnte einen filmischen Effekt erzielen, wenn nach der Liebesszene, vor dem Einschlagen des großen Blitzes, sich die Bilder ganz verdunkeln.

Das Dionysische in diesem Film hat seinen Höhepunkt nach der großen Liebesszene. Vor dem Ausbruch erst unheilvollstes Schweigen bis zur völligen Erstarrung. (Als Symbol die Schlange.) Dann als Übergang das leiseste Zittern, wie eine unheimliche Vorahnung vor etwas Furchtbarem. Das Zittern des Windes – der Blätter – Gräser – Tiere – das Kräuseln des Wassers – der Staub auf der Erde – das Erzittern der Menschen – lautloses Wetterleuchten – die Schlange – die Verdunkelung – die Furcht bei den Tieren (Hunden und Pferden), bis dann in langsamen, aber immer kürzer werdenden Stößen wie die Geburtswehen das furchtbare Unwetter einsetzt. Eingeleitet durch einen grellen Blitz, der eine riesenstarke Eiche zertrümmert, und wie ein Signal zum endgültigen Toben sich zu einer großen züngelnden Flamme mit dem Himmel verbündet. Die Bäume biegen sich – der Fluß tritt über die Ufer – Felsen spalten sich und werfen riesige Blöcke herunter – die Pferde werden wild und der Mensch steht in dieser rasenden Natur – völlig versteinert vor Entsetzen und Schrecken. Nur Penthesilea ist eins mit diesen Gewalten – ihr Antlitz gleicht im Aufleuchten der Blitze einer wahnsinnigen Mänade – die Haare züngeln ihr wie Schlangen um den Kopf – übermenschlich, göttergleich, wie die leibhaftige Tochter des Dionysos muß sie erscheinen. (Vielleicht kann die Wirkung dieser Szene noch gesteigert werden, wenn die Szene sich im starken wolkenbruchartigen Regen abspielt, so daß das Gewand der Penthesilea an ihren Körper anklatscht und die Haare ihr im Gesicht kleben, was das Naturhafte dieser Spielszene gut unterstützen könnte. Auch würde durch diesen Regen erst bedingt, daß der Fluß über die Ufer tritt und die Felsblöcke herunterstürzen.)

In der »Ilias« heißt es: »Der Scamandros brüllte wie ein Stier«. Anregend für die Bildmotive, Musik und Geräusche.

In den darauffolgenden Szenen sehe ich den Ausdruck der Penthesilea abwechselnd zwischen wilder Raserei, Verzückung und Düsterkeit.

Für die Schlachtszene (aus der »Penthesilea«):

»Dicht zur Mauer drängen wir die Spieße«.

Bei der Manuskriptarbeit ist zu entscheiden, ob Penthesilea mit ihrem Heer auch die Trojaner angreift, wie es Kleist schildert. Wenn ja, dann dürfte das aber nicht in Bildern gezeigt, sondern nur in dem Bericht des Odysseus gesagt werden. Ich glaube, es würde besser sein, im Film den Kampf der Amazonen gegen die Trojaner bildlich und auch in der Erzählung fortfallen zu lassen: erstens, weil der Stoff sowieso stark gekürzt werden muß, und zweitens, weil es leicht eine Verwirrung beim Zuschauer erzeugen könnte, der nicht so schnell Trojaner und Griechen voneinander unterscheidet.

Metropolitan Lady.
Marlene Dietrich

>»Du wirst trotz deiner Schminke und deiner
>Pailletten bleich aussehen, und deine Seele
>wird farblos sein. Nur so ist deine Prä-
>zision vollkommen. Da dich jetzt nichts
>mehr als die Erde fesselt, kannst du frei
>auf dem Seil tanzen, ohne zu fallen.«
>Jean Genet, *Der Seiltänzer*

Glamour. In welcher Landschaft ist dieses Gesicht zu Hause, in welchen Kostümen und Verkleidungen werden diese Schultern, dieser
Gang, dieses Profil zur Eigenschaft und zum Traum? Eine verborgene
Logik verknüpft die Teile zu einer stimmigen Phantasie, die nur von
ihr, von dieser spezifischen Präsenz, die »Marlene Dietrich« heißt, zur
Erscheinung gebracht werden konnte. »Glamour«: sie selber wünschte
sich, »die Bedeutung dieses Wortes aufs Papier bringen« zu können.[1]
Die Schönheit der Dietrich, protestantisch und intelligent, präsentiert
sich sprechend, ausführend. Nicht klischeehaft entstellt oder ver-
schwommen, ist sie beherrscht und gebietend zugleich. In der Varieté-
garderobe des »Blauen Engel« führt Lola Lola uns vor, wie sie sich
schmückt. Die Frau ist, was sie aus sich macht. Sie schminkt sich,
schmückt sich, frisiert und kleidet sich. Schönheit ist eine Konstruktion. Glamour ist Synthese, Natur und Lack. Goldfarbe über dem
Atem.
Die Frauen der Marlene Dietrich werfen sich in ihre Schönheit, trun-
ken und beharrlich, wie in ein immer wieder neues Alibi: an ihrer
Oberfläche müssen sie ihre Bedeutung tragen oder sie haben keine.
Selber nennt sie sich die »Queen of Ajax«: sie hat einen Mann, ein
Kind und eine Küche, in der sie gerne kocht. Sie möchte das Reparie-
ren von Reißverschlüssen lernen, und die Verlängerungsschnur nennt
sie den »idealen Reisebegleiter«: das Diesseits ist ihre Utopie. Nüch-
ternheit und hellen Verstand, das liebt sie an der Armee und an den
Männern. Disziplin und Uniformen, die Funktion, das Know how.

Von hier aus begreift sie Bedeutungen, vor allem den eigenen Mythos. Frag sie nach ihrer Legende, und sie wird den Raum verlassen. Sie will die übersichtlichen Grenzen nicht überschreiten; Metaphysik ist gefährlich, sie macht einsam. Wer sich so weit schon hervorgewagt hat wie sie, eine Frau mit der Vergeltung der Männer im Rücken, muß klare Linien ziehen. Alles muß, muß, muß mit rechten Dingen zugehen. So soll die »Welt der Frau«, der Ort, den sie verließ auf dem Weg ihres kühlen Sieges, sichtbar bleiben, wird zum Fetisch des Vorzeigens. Ein abgespaltenes Sentiment setzt sich an allen möglichen Stellen fest und überdauert starr den Wechsel der Zeiten, der Orte: die gemalten Madonnen aus Österreich und Richard Taubers Lied von der »Jugendzeit«.

Das Leben, die eigene Herkunft, weiblich, nomadisch, läßt sich nicht haben. So beginnt ein Spiel der Verkleidungen, der Maskierungen. Der Körper staffiert sich aus, ist voller Talismane. Ein eisiger Rhythmus im Wechsel der schönen Gewänder, der weiblichen Gefühle, der probeweisen Annäherung an das eigene Geschlecht.

Der Film-Mythos Marlene Dietrichs ist programmiert auf den weiblichen Vorstoß ins Weltgeschichtliche. Aber der Traum, in der männlichen Wirklichkeit, in ihrer Kultur, in ihren Sitten ganz zu Hause zu sein, reduziert die weiblichen Eigenschaften zu Katalysatoren: sie werden als Bestandstücke, nicht als Potentiale und offene Bedeutung in die weibliche Selbstinszenierung übernommen.

Der Dompteur. Als sie, eine junge Schauspielerin vom Theater, bei Josef Sternberg vorspricht, bringt sie eine ideale Voraussetzung mit. Sie ist unentschieden, apathisch, gleichgültig. Der Mann sieht das Material: es ist formlos. Er hat die Macht, nach der richtigen Form zu suchen. Josef Sternberg: »Vor über hundert Jahren wurden in Kambodscha die Ruinen eines alten Tempels gefunden, in dessen Ruinen eine Legende eingemeißelt war. Deren Mythos sollte bedeuten, daß man das Meer tausend Jahre beschäftigen müsse, bis auf seiner Oberfläche eine Frau erscheint, die die Welt bezaubert. Mir standen für ein ähnliches Kunststück nur ein paar Wochen zur Verfügung.«[2] Marlene Dietrich ist nicht die Schöpferin einer neuen Kultur ihres Geschlechts. Sie will die, die da ist, dann aber bis zum Äußersten. Der männliche Mittler verschafft ihr das einzig vorstellbare, das zeitgenössische Leben. Was sie gibt, ist Rohstoff, bereit, sich in Bedeutungen zu verwandeln. Das ist ihr Thema. Erst hat sie ungeschmälerte, aber ungenaue

Dimensionen. Später, nach zwanzig, dreißig Jahren, lebt sie ihre knappen, aber konzentrierten Möglichkeiten. Josef Sternberg kennt das Handwerk: er hat alle Tätigkeiten, die zum Filmen gehören, selbst schon ausgeführt. Er ist ein Profi, und sie soll es werden. In seinen Händen ist sie ein Werkzeug, das er feilt und verbessert durch seinen Gebrauch; ein Instrument, das immer stärker wird, indem es sich kennenlernt. Es entdeckt seine Beschaffenheit, seine Nützlichkeit, seinen Wert und seine schönsten Eigenschaften. Schönheit, die sich verwertet wie Bauland oder eine Fabrikanlage.

Marlene Dietrich – sie nennt sich eine Reisende ohne Wurzeln – geht nicht nach Amerika ohne Josef Sternberg. Ich bin nicht als Mann auf die Welt gekommen, sagt sie, also will ich die beste Art von Frau sein! Unter der männlichen Führung werden ihre Augen zum Blick, ihre Körperlichkeit zum mythischen Auftritt, Rhythmus und Fluß ihrer Bewegungen zur Imago einer exklusiven Weiblichkeit. Sieben Filme von Sternberg und Marlene Dietrich, das sind die Gesellenstücke dieser Verwandlung. Es sind Stationen einer weiblichen Erziehungsgeschichte.

Im Mythos der Dietrich erscheinen die Ambivalenzen der Geschlechtlichkeit radikalisiert, in Extreme auseinandergebrochen. Bild der Erfüllung und der Vernichtung. Entweder unterwirft sie sich mit grandioser Rückhaltlosigkeit dem Mann oder ihr Eros traktiert ihn und versetzt ihn in den Zustand der Kreatur. Sie führt uns weibliche Opferhandlungen vor, den freiwillig vollzogenen Schritt in die Abhängigkeit oder die klaren Siege über die männliche Gattung. Sie hat unbegrenzte Möglichkeiten der Aktion.

Kleine Seejungfrau. Die Mutter erzieht sie dazu, sich nicht für sich selbst, sondern für »anderes« zu interessieren. Tagträume sind verboten, Zärtlichkeiten selten. »Alle sagten, ich sei zu jung, um zur Schule zu gehen. Frühmorgens im Winter kniff ich die Augen zu, und meine Tränen verwandelten das blasse Licht der Laternen in goldfarbige Feuerwerke. Ich wollte die Tränen nicht. Der Wind und die Kälte waren schuld daran.«[3] Sie ist ein ernstes Mädchen; auf frühen Bildern hat sie unnahbare, wehmütige Gesichter. Die Mutter, mit einer Neigung zu den preußischen Traditionen, heiratete einen Major der Kavallerie, später einen Leutnant der Husaren. So ist das Kind viel unterwegs, es wechselt mit den Vätern die Garnisonen, die Schulen, die Freunde. Eine junge Französischlehrerin steht im Zentrum dieser Kindheit: »Sie

Marlene Dietrich

verscheuchte meine Einsamkeit«, schreibt Marlene Dietrich, »meine Sorgen, meine Traurigkeit. Sie war Wunsch und Erfüllung. Ich verbrachte jeden Moment damit, um mir auszudenken, was ich ihr schenken könnte«.[4] Sie schenkt ihr blaue, weiße, rote Bänder, die die Mutter beim deutsch-französischen Ball im Haar getragen hatte, französische Landschaftsbilder aus den Zeitungen, Maiglöckchen am 1. Mai, Mohnblumen am 14. Juli. Aber eines Tages, es ist bei Ausbruch des Ersten Weltkriegs, kommt die Lehrerin nicht mehr zurück in die deutsche Schule. Sie bleibt für immer weg; das ist die erste Wunde, nie zu heilen. Ein Gefühl, das abbrechen mußte, eine unerfüllte Geschichte. Den Traum anhalten. In ein Leben springen, das aus inszenierten Augenblicken und Dramen besteht. Ein Leben, das in die Ferne zieht, nach Amerika. Jetzt muß sie gehen lernen, in neuen Gewässern schwimmen und den Schmerz vergessen.

Marlene Dietrich. Sie ist das Symbol einer Frau, die ihr kleines Leben verläßt, um mit dem Rolls Royce davonzufahren. Aber auf diesem Sprung in die Geschichte der Triumphe bleibt sie gebunden an tausend kleine Angewohnheiten, an Rituale und Marotten, die ihr Halt und Sicherheit geben. Der mutige Aufbruch steht neben kleinlichen Inszenierungen deutscher Hausfrauentüchtigkeit, die Urbanität der Weitgereisten neben der Vorliebe für das sentimentale Repertoire der Heimatlieder, die Verwandlungsfähigkeit der Künstlerin neben dem mechanischen Reglement der Auftritte.

Als sie die Schule verläßt, ist sie eine gut erzogene junge Preußin, sie spielt Geige und hat eine Gouvernante zur Seite. Sie ist ehrgeizig, schon eine Meisterin auf der Violine und später, auf der Schauspielschule von Max Reinhardt, eine junge Anfängerin, die man hier und da beschäftigt und weiterempfiehlt. Sie ist die Frau, die, wie Tausende ihrer Generation es sich wünschten, dem Direktor, dem Chef ins Auge sticht. Sie gefällt, er spricht sie an. Auf einer Berliner Bühne, als sie in einem Boulevard-Stück einen winzigen Satz zu sagen hat, sitzt Sternberg im Parkett und »entdeckt« sie buchstäblich in Sekunden, legt sich die Vollkommenheit ihrer Erscheinung aus, setzt dieses Gesicht um in eine weltweite Idee. So kommt das große Los ins Haus. Aus diesem alten Arsenal der Möglichkeiten werden Frauenmythen »gemacht«, die perfekten Gegenstände aus männlicher Hand.

Der Dietrich

»Der Dietrich. Bezeichnung für einen Schlüssel,
der alle Schlösser öffnet. Kein magischer
Schlüssel. Ein sehr realer Gegenstand, dessen
Herstellung große Kunstfertigkeit erfordert.« (Marlene Dietrich)

Franz Hessel erinnerte sich bei ihrem Anblick an eine Zauberpuppe aus dem persischen Märchen: ein Geschöpf der Zimmerer, Schneider, der Maler, Brahmanen und noch etlicher anderer Handwerksmeister. »Sie alle streiten sich um ihren Besitz. Sie verkörpert einen allgemeinen Wunschtraum: die Frau, nach der man sich sehnt, man, nicht der und jener, sondern jeder, das Volk, die Welt, die Zeit.«[5] Das Gemachte der Dietrich gehört zu den hellen Tagesfarben des damaligen Berlin. Berlin ist in den Zwanziger Jahren die amerikanischste Stadt Europas. Die gesellschaftlichen Ideologien, die Traditionen in den Familien verlieren ihre Kraft. Das Geld macht alle gleich. Der Einfall, die List, alltägliche Cleverness verdrängen die moralischen Ideen in der Arbeit, in der Liebe. Die Stadt lebt auf Kredit von Amerika, und wer das Gleichgewicht nicht verlieren will, braucht die kühle, indifferente Seele. Die Linienführung der Zeit - in der Innenarchitektur, in der Werbung und Mode, im Kunsthandwerk – hat etwas Glattpoliertes, eine mitleidlose, knappe Linearität.
»Nimm dich in acht vor blonden Fraun!« Marlene Dietrich hat grandios banal den Schlüssel, sich ihre Zeit aufzuschließen, in der Hand. Das blonde Abenteuer ist ein gut zurechtgemachtes Geheimnis. Das Blonde. Das Verkleidete. Der hingeworfene Satz. Der klare Blick ohne die Spuren der Nacht. Schattenlose Fröhlichkeit. Das sind Werkzeuge, die den Exzeß, den Widerspruch, den Wahnsinn fernhalten. Der Glanz der Marlene hat keine Wendestelle, umzukippen in eine aufsässige, grelle Lichtspur. Später, in Amerika, so berichtet Jacques Feyder, gibt sie den Beleuchtern technische Anweisungen. Am besten weiß sie selbst, welches Licht sie treffen soll. Sie ist ein guter Soldat im Dienste ihres Publikums. Sie fertigt Abenteuer des Kopfes und des Herzens, schöne Hindernisse.

Metropolitan Lady. Keine Schauspielerin hat so genau und ungeschmälert ihre Kunst aufs Standphoto übertragen können wie Marlene Dietrich. Diese Photos präzisieren einen Körper, der sich zeigt. Er ist keine zufällige Oberfläche, die beliebig das Gerüst der Story übernimmt. Er hat Gesten, die ihn aus dem Fluß der ihn umgebenden Situationen herauslösen; ihn zur autonomen Bedeutung werden lassen. Seine Geographie ist kontrastreich. In seiner arrangierten Landschaft sind die Zeichen des Natürlichen rar. Vielmehr herrscht ein unendliches Gewebe der ästhetischen Übersetzungen. Aber sie alle spielen im Hintergrundlosen, in gegenwärtigen Zonen; sie sind ohne Verschwendung. Marlene Dietrich, das ist die Rebellion gegen das Ornament, gegen die poetischen ungegenständlichen Umspielungen der Frau. In dieser Rebellion fällt die engagierte Geste der Selfmade-Frau mit dem Verlust an authentischer weiblicher Perspektive zusammen. Die Dietrich gibt den Frauen zu verstehen: das Leben gehört den Profis, und ich bin gelernte Verführerin.

Wenn sie, in »Morocco«, als Nachtclubsängerin vor dem Publikum steht, weiß sie, wie schwach die Möglichkeiten der Natur sind. Ihr Vertrauen gehört den Techniken, sie in Szene zu setzen. Die Präsentation ihres Körpers gehorcht einer genauen Choreographie. Sie bewegt ihr »Knochenpaket«, so nannte Jean Renoir ihren amerikanisch trainierten Körper, wie der Pokerspieler die Karten: aufreizend und sparsam beherrscht. Ihr Timing ist das der Verzögerung. Unendlich lange läßt sie sich Zeit mit ihren Bewegungen, mit ihrer Mimik; im Dialog klaffen Pausen. Sternberg riet ihr, bis fünfzig zu zählen, bevor sie den nächsten Satz spricht. Diese retardierende Technik zwingt den Betrachter, sich in die Länge des Augenblicks zu versenken und mögliche Entscheidungen vorwegzunehmen, die die nächste Bewegung einlösen wird: diese Frau hält den Erwartungen stand.

Ihr wundervolles System des Betruges weckt tausend Wünsche auf: die Lust, Länder und Menschen zu erobern, zu herrschen über das Medium einer geheimnisvollen Anziehungskraft, am grandiosen Leben, an exemplarischen Bedeutungen und Geschichten zu partizipieren. Die kosmopolitische Reisende, die Künstlerin, die Frau mit Vergangenheit und eigenen »Geschichten«: das sind Bilder der Unordnung, Knotenpunkte einer irritierten Weiblichkeit.

Das Leben dieser Frauen spielt nicht länger hinter den Kulissen. »Marlene Dietrich«, kollektive Signatur zeitgenössischer Lebensmuster, partizipiert an einer Idee, die in den Zwanziger Jahren die berufstätig und selbständig gewordenen Frauen in Bewegung versetzte. Sie werden Teil des industriellen und technologischen Fortschritts: sie lernen, Maschinen zu bedienen; unter Neonlicht hat ihr modernes Leben ein neues Aussehen, neue Aufgaben und neue Anstrengungen. Geschliffen, in die unnachgiebige Mechanik eingesetzt ist auch die tränenlose Oberfläche der Dietrichschen Frauen. Ihr Wesen ist hermetisch, bewundernswert souverän. Sie sind Gestirne, urban und weltenfern.

Blaue Lulu. Simone de Beauvoir schrieb, das weibliche »Geheimnis« ließe sich nicht auf »bloßes Schweigen, auf Nacht, auf Abwesenheit« beschränken. Spricht man vom »Geheimnis« des Weiblichen, so drückt man damit nicht aus, daß es »schweigt«, sondern daß seine Sprache »nicht verstanden« wird.[6] Im Bild der Dietrich, wie in Bretons Nadja oder Cocteaus La Mort aus dem Film »Orphée«, verschwimmen die präzisen Markierungen, die das Bewußte und das Unbewußte, das Männliche und das Weibliche, das Vergangene und Zukünftige voneinander trennen. Die Frau, femme de rève, femme éternelle zeigt sich im Spiel ihrer Verwandlungen als Herrscherin. Marlene Dietrich präsentiert ihre Weiblichkeit als gebieterisches Privileg, nicht als schwaches Ornament.
Wenn sie Auto fährt, bildet sie eine fliegende Silhouette von glitzernder Modernität. Sie präsentiert nicht ihren Busen, ihr Fleisch, sondern ihre Beine, auf denen sie steht und sich wiegt, aber auch sich fortbewegt. Öfter als sie den Lippenstift zieht, setzt sie die Zigarette an den Mund: eine Frau, die sich nicht nur zeigt, sondern mit sich selbst beschäftigt ist. Unter der Federboa stemmt sie die Arme wie ein Mann. In der gleichen Haltung sitzt sie auf der Klaviertastatur oder auf dem Bartisch. Auch als Katharina die Zweite bewegt sie sich wie eine Frau auf Großstadtpflaster. Eine Sphinx aus der Nähe, leichtsinnig, kühl, intensiv. Unter großen Hüten und Schleiern hat sie den Blick, der sich an sein Gegenüber nicht binden möchte. Er geht durch die Männer hindurch oder an ihnen vorbei. Sie ist die Frau, die Sehnsucht erweckt, und der junge Legionär kritzelt wie ein pubertierender Knabe ihren Namen auf den Tisch. Aber sie ist keine Frau, die bleibt. Sie ist unerreichbar unter wissender Maske. Ihre Brauen, wie Schmetterlinge, haben etwas Heiteres, ihr Gesicht in seiner autonomen Magie bleibt in allen Verflechtungen der Handlung und des Dialogs doch unbesetztes Gebiet. Es ist Stätte der Zelebration, tausend Bilder gleiten über seine Natur: dieses menschliche Gesicht ist die perfekte Statue, und darin gehört es ganz sich selbst. Es vollzieht ein unaufhörliches Keisen durch alle Gestalten hindurch, in denen es sich ausdrückte. Amy Jolly. X-27. Shanghai Lady. Blonde Venus. Madame de Beaupré. Angel. Flamme

von New Orleans. In diesen Frauen lebt ihr Gesicht als ein wundervoller Stoff: es durchdringt die melodramatische Konstruktion der Filme als Bilderrätsel. Es zwingt mich zu der Frage, was in ihm die aufgezäumte Filmdiva verrät und zugleich, welche unerkannte, vereinsamte Schönheit des Weiblichen es ausdrückt. Hollywood, Männergeschäfte betreiben Mythologie. Sie besitzen die Kontrolle aber nur über die eine Seite ihres Produkts; sie gebieten nicht mehr über meine Imaginationen vor den Filmen der Dietrich. Der mythische Stoff hat keinen Herrn. Er weitet sich auf Bilder aus, die Erstaunen hervorrufen. Ihre Unterschriften sind nicht leicht zu lesen, sie sind voller Täuschungen, unnahbar; voller Traditionen, die schon vergessen sind.

Ein Bild: als »Blonde Venus« steht Marlene Dietrich im weißen Frack und Zylinder, die Hände in den Hosentaschen, breitbeinig in der Manege eines Nachtlokals. Sie steht dort, mitten im Meer der Männerköpfe, die von der Galerie und vom Parkett aus, den teuren Auftritt der Frau betrachten. Lulu im Käfig, in Gefangenschaft. Aber diesen Zustand verwandelt sie in Bewegungen. Sie ist umstellt, aber selber steht sie auf unerreichbarem Boden. »Marlene Dietrich«: das ist ein Versteckspiel, kein spontanes, gelebtes Bild.

Wenn sie singt, hat ihre Stimme Zeit für eine Lust, die ihre Vorfahrinnen mit dem Tode bezahlen mußten, Lulu, Olympia, Salome. »Wenn ich mir was wünschen könnte, käm' ich in Verlegenheit«: ihre Leidenschaften zielen auf unentdeckte Gebiete der weiblichen Erotik. In den Liedern der Dietrich, mehr noch als im Koordinatensystem der Filmhandlung, ist ein Ton des Aufständischen gewahrt; sanft und süchtig, sich verschleppend, voller Heimlichkeiten und voller Heimweh hat dieser Gesang eine Wirkung, die vor die Kulissen des Arrangements tritt. »Allein in einer großen Stadt« singt sie und wartet auf den Augenblick, der sie ergreifen könnte mit einer direkten Berührung.

Durch die Requisiten der Branche hindurch, Monokel, Frack und weißer Zylinder, ist Marlene Dietrich die Frau als *Widersacherin*. Ihr Körper, in erotische Zeichen aufgesprengt und eingeordnet als Objekt des Kultes, kann im Traum verwandt sein mit den rauschhaften Heldinnen aus matriarchalischer Vergangenheit. Aber ihre Frauen sind auch die sonntäglich gekleideten Dienstmädchen im Chaos Berlins, die einmal in der Woche ins Grüne fahren dürfen. Ihr Glück am Wannsee und abends im Tingeltangel, ihre Lieder, Gefühle unterlegen den Glanz dieser noch unübersetzten weiblichen Legende. Im Universum versprengt liegen die Spuren, in tausendfältigen Welten der Blendung.

Ein Gesicht aus der Fremde
Greta Garbo

> »Und die Schönste der Schönen versprach schön zu sein,
> aber ohne zu versprechen zu sein.« *(Paul Eluard)*

Hugo von Hofmannsthal verglich das Kino mit einer Kiste voller Requisiten, wie der Zauberer sie braucht. Im halbdunklen Raum öffnet sie sich vor den Menschen, und sie beginnen, sich zu vergessen: »Denn solche Bilder bleibt ihnen das Leben schuldig«. Alles, was man möchte und braucht – hier ist es!, seßhaft geworden in diesem Wirbel der Schatten. Sie sind ausgeschiedene Natur. Ihre Sprache ist die Kindheitssprache der Moderne. Gesicht ist Landschaft, Gefühl, Körper. Sprache ist Klang, Ton. Ein Zimmer ist Atmosphäre, Licht und Dunkel. Wir kennen uns aus, während wir in der Schwärze des Saales unsichtbar werden und allein das Geschehen auf der Leinwand lebendig ist.

Die Lebendigkeit der Garbo, schreibt Franz Blei, ist »das seiner selbst nicht bewußt gewordene Gefühl«.[1] Ein Gefühl, das sich ausprobiert, statt sich schätzen zu lassen vor dem Gerichtshof der Ratio. Es sagt, die Frau regiert die »Welt«. Das ist mehr als die »Gesellschaft«. Ihre Reichweite umfaßt andere Gebiete, und von ihnen wälzt sie den Grabstein fort, der sie unzugänglich gemacht hat. Deshalb sind die Bewegungen, die Gesten der Garbo aktiv auf Handlung bezogen. Sie zeigen direkt, ohne die Umwege einer gezierten Koketterie, auf das Ziel einer explosiven Selbstverwirklichung, deren Leuchtkraft auch das Feuer der Hölle sein kann.

Greta Garbo, die perfekteste Kinophantasie, repräsentiert eine Welt, in der die Frau ungehindert ihren Emotionen leben kann. Sie ist schön aus Reichtum: sie ist Frau nicht als Geliebte oder als Weib des Mannes, sondern als Gattungsgeschöpf, als allgemeine Idee des Weiblichen. Sie ist nicht begrenzte Zivilisation, sondern allgemeine Natur. Ihre Schönheit erscheint nicht als sozialer Status, als Privileg; sie mischt sich nicht ins gelebte Leben, vielmehr behauptet sie die Reinheit des Genialen, die Zwecklosigkeit, die artistische Praxis, die romantische Revolte. In dieser Schönheit liegt etwas Monologisches, Unnahbares. Und wenn sie sich öffnet, dann öffnet sie sich der ganzen Welt: der Natur, den Blumen, den Gegenständen. Sie wird zum Rausch. »Nur im Rausch«, schrieb Curt Sachs, »löst sich der Mensch«; er weitet sich aus, über seine Grenzen hinweg. Die Welt wird kleiner, das Ich titanenhaft. »Alles geht weiter weg«, sagt Ninotchka nach ihrem ersten Champagner. So wie sie ihrem Pariser Freund erklärt, sie möchte nie hinter einem Glasrahmen als Bild auf seinem Schreibtisch stehen (»Ich könnte nicht atmen!«), so ist ihre ganze Erscheinung angelegt als ein Aufbruch in unabgegrenzte Gefühle und Selbstendeckungen. Sie verströmt sich und hat darin eine Autonomie, die ihre Weiblichkeit vor Kompromissen bewahrt. Das läuft nicht über Worte, über Erklärungen, sondern über eine gestische Bewegung, die jenseits aller gesellschaftlichen Differenzierungen zu liegen scheint. Ich frage nicht nach, ich wäge nicht Für und Wider, ich legitimiere mich nicht; ich weise mich nicht aus, in einem doppelten Sinn. Vielleicht bringt es den Tod, vielleicht aber auch das Paradies – auf jeden Fall kein Dazwischen, kein armseliges, schäbiges, durchgefeiltes Leben.

Kameliendame, *»Camille«*. Sie gibt ein Fest in ihrem Haus. Die Gäste amüsieren sich, die Charaktermasken von 1847 in Paris. Marguerite in schneeweißen Blumen ist unter ihnen eine Fremde. Das ist die interne Botschaft der Garbo. Sie ist Kurtisane, sie ist heruntergekommene Prostituierte, sie ist Mutter, Ehefrau, aber ihre Schönheit, die als Natur ihres Selbst erscheint, treibt darüber hinaus. Der dekorierte Körper der Garbo, das Maskenhafte ihres weißen Gesichts, ihre langen Blicke verströmen einen Exotismus, der in uns eine eigene, fremd gewordene Erfahrung freigibt. Den zurückgestauten Wunsch nach der gigantischen, unvergleichbaren und absoluten Form unseres Lebens.

Die Hure, die ihr Geschäft versteht, erweckt bei jedem Mann heimlich die Illusion, daß sie nur bei ihm einen Orgasmus hatte. Die Garbo zeigt sich ihren Zuschauern so, daß jeder sich einbildet, mit ihr zusammen etwas Besonderes zu werden. Ihre Schönheit, fürstlich, füllt die Folien des Großartigen aus. Sie verschränkt sich mit psychologischen Bewertungen dessen, was wir unser »besseres« Ich, die sonntägliche, phantastische Seite unseres Lebens nennen. Der schwedische Königshof *(»Queen Christina«)*, die Kaisersäle der Maria Walewska *(»Conquest«)*, das Grand Hotel in Paris, die reichen Zimmer der Anna Karenina sind mythische Landschaften, in denen große Lebensschicksale spielen. Eine funkelnde Unbestimmtheit, die das Leben gleichzeitig einfach

Greta Garbo

und komplex erscheinen läßt, bringt die Gefühle in Bewegung, läßt sie sterben; kreiert die Standards von Gut und Böse; setzt das Glück von der Traurigkeit ab.

Garbos romantische, ins Religiöse spielende Signatur ist eine der letzten Repräsentationen des Idealen. Hat diese Schönheit ein Vaterland, eine bestimmte Rasse, ein Alter? Ohne Arbeit, ohne Anstrengung scheint sie mächtig zu sein, von einer mühelos gewonnenen Stärke. Auf ihrer leuchtenden Oberfläche ruhen wir uns aus. Wie das Kind, dem die Puppe und die Stimme aus dem Radio wie der Mond gleich nahe sind, scheint diese Schönheit im Besitz magischer Bedeutungen und Sprachen zu sein. Ihr Merkmal ist die Hingabe an das Allgemeine, an die Kreatur, an die Liebe, an die Elemente: an das Wasser. Sie scheint gebettet in Schnee und Wolken.

Ihre erotischen Leidenschaften haben keine individuelle Geschichte, nichts Begrenztes. Daher sind sie körperlos, ohne die Erfahrung der sinnlichen Verfallenheit an eine bestimmte Lust. In Wirklichkeit schließt solche Verfallenheit auch Bestrafung und Erniedrigung ein. Die garboschen Melodramen halten sich davon frei. Sie sind feudal und kindlich. Ihre Unschuld erwächst auf der Basis der Kenntnislosigkeit, der Ignoranz, die als Noblesse erscheint. Als verarmte Gräfin den Kaiser lieben, das ist Material für ein paar tolle Wochen. Aber der Liebhaber, ein gieriger Karrierist, enttäuscht. Sie kann nur den Helden lieben, den Kämpfer für das »Volk« und die »Freiheit«. Der individuelle Stoff, die Neurosen, von denen das Heldentum zehrt, bleiben außerhalb des Blickfeldes, bis sie schließlich als unerwartete Katastrophe die »große Liebe« treffen und zerstören. Die Schönheit der Garbo, wie der Mond oder die Seerose, im Himmel oder im Gewässer wurzelnd, lebt sich aus jenseits der Risiken der Beschmutzung. Jean Cocteau schreibt über sie, sie opponiere gegen die Fabrik, gegen das Maschinensystem und den Pluralismus. Das Technische und das Malochen wird diesem kostbaren Gesicht ferngehalten. Ebenso erscheinen die Gegenstände, die Materialien, jenseits ihrer Zerrissenheit, wie ausgestellt in einem geweihten Raum. Sie haben nur als Fetische Bedeutung. Wie die Juwelen nach der ersten Ballnacht der Ninotchka, so erscheinen alle diese Möbel, Blumen, Tiere in der Nähe der Garbo: wie geschmücktes Leben, ohne die Zeichen der menschlichen Arbeit. Die Natur wird als Geschenk gezeigt, als Morgengabe für die Frau.

Die nur als reine Schönheit begehrte Natur, das Glück ohne Stachel, der Wunsch ohne seine Ambivalenzen, das ist der mythologische Stoff

der garboschen Frauen. Sie sind mit ihrer Umwelt wie Gewächse ver-
flochten, kohärente Bilder stellend. Als Glückliche leben die Frauen
der Garbo oft auf dem Land. Der Sprung auf die Wiese, die geöffneten
Fenster ins Freie, das ist ihr romantischer Boden, horizontlose Ferne.
Im Drama, gegen Schluß der Filme, verdichten sich die Elemente zur
unheilvollen Vision. Die schemenhafte Silhouette der Königin Christi-
ne, die den toten Geliebten übers Meer schifft, verschmilzt mit den
Wolken, mit der Bewegung des Windes und dem geschnitzten Bug des
Schiffes. Die Garbo stellt Frauen als Bilder vor: sie leben davon, daß
man sie anschaut, und geben schläfrig versunken den Blick zurück.
Wenn ich spiele, bin ich wie im Fieber, sagte die Garbo über ihr Spiel.
Es ist wirklich das Bild einer Berauschten, das sie uns häufig zeigt.
Mauritz Stiller bemerkte, wie leicht man sie beherrschen konnte, wenn
man ihr direkt in die Augen sah. Ebenso mochte das Kameraauge als
gebieterischer Blick sie beeindruckt haben. »Greta Garbo gehört noch
zu jenem Augenblick in der Geschichte des Films«, schreibt Roland
Barthes in seinen *Mythen des Alltags,* »da man sich buchstäblich in
einem menschlichen Abbild verlor wie in einem Liebestrank.«[2]
Wenn dieses Bild eines Gesichts die Augen aufschlägt, spüren wir seine saugende, süchtig machende Wirkung, und wir verlangen von ihm,
daß es sich in eine Geste verwandelt. Wir geben uns als Beute: Unter-
worfene eines Mythos, der uns bedeutet, Alles zu sein, statt Etwas; nie
nur das zu sein, was die Gesichter, die Häuser, die Kleider, Landschaften und Ereignisse wirklich sind.
Wenn sie Liebe macht, mit Graf Wronsky, Napoleon oder als Königin
Christine mit dem spanischen Gesandten – probt sie den Aufstand.
Aber er gelingt nicht; man sieht ihm das Gespielte, das Gemachte, die
Illustration an. Jeder Aufbruch auf das Leben zu, auf die
Wirklichkeit der Körper, wird zum Mißgeschick. Viel Hoffnung wird in
das Große Abenteuer gesetzt, aber wenig ändert sich wirklich. Die Bewegungen dieses Körpers sind genuin seine eigenen, wenn sie wie
unter Wasser, fast träumend geschehen. Da platzt nichts, nichts zerreißt im Vorwärtsdrängen der Gefühle, in der Verzweiflung oder im
Glück. Der Augenaufschlag, der dieses Gesicht aussehen läßt wie ein
kostbares Pelztier, kommt immer wieder aus einer fremden, unbewußten Welt, die unter einem einzigen Gesetz steht: die Schönheit für das
Ganze zu nehmen.
Unter diesem Prinzip der Passivität versammelt die Garbo ihr Publikum. Man träumt sich in einen wundervollen Naturschutzpark des

Lebens hinein. Das herrliche Gewächs, das es hier zu betrachten gibt, ist nicht nur die schönste Züchtung unter der Sonne, sondern sie hat auch Gefühle; sie ist menschenfreundlich. Sie hat Herz. Die Schönheit der Garbo ist moralisch, sie ist veredelte Natur, keine blinde. Ihr ist das Heilige näher als das Heidnische. Die Garbo hat keine Beziehungen zum Laster. Wenn sie Kurtisanen spielt - als Kameliendame, Anna Christie - verfügt sie über so viel Unschuld wie eine gut behütete Tochter. Sie stellt die Sünde dar. Aber in den Dimensionen einer biblischen Gestalt, die noch im Paradies zu Hause ist. Wenn sie verschwendungssüchtig ist – dann nicht für sich. Ihre hohen Ausgaben gelten heimlich dem alten Kutscher, der durch den Bankrott seiner Herrschaft stellungslos geworden ist.

Greta Garbo, das ist die Transzendierung des Alltäglichen in Gestalt einer stets fleckenlos bleibenden Heldin. Auch, in *»A woman of affairs«,* als eine in zwiespältige Abenteuer und Bedeutungen verstrickte Figur handelt sie am Ende doch mit stählerner Eindeutigkeit. Lieber fährt sie sich selbst an einen Baum, als den Freund mit ihrer Leidenschaft zugrunde zu richten. Sie dankt ab, geisteskrank, als gammelnde Säuferin vom Montmartre, exekutierte Mata Hari oder schwindsüchtige Kameliendame. In ihrer Stärke ist sie lebensunfähig: voller Verlangen nach einer Freiheit, die so grandios wie unbegriffen bleibt. Formelhaft wiederholen sich die Gesten des Unbedingten, das Pathos der heroischen Übertreibung. Darin ist Greta Garbo als Bild festgelegt – eine statuarische Konstellation mit immer »richtigen« Einsätzen. Der materiale Unterschied zwischen Erfüllung und Verzicht verschwindet. Wenn es nur der »eigene« Weg ist.

Neben ihr machen die Männer schlechte Figur. Was für knauserige, enge Existenzen, Lebensstümper. Immer haben sie Angst, ihre Balance zu verlieren. Graf Wronsky *(»Anna Karenina«)* findet nach herrlichen Wochen in die Uniform des zaristischen Offiziers zurück. Die Realität der Männer erscheint als eine der Jobs, der Verträge, der kleinlichen Sicherheiten und Gefühle.

Die Heldinnen der Greta Garbo warten nicht auf die Männer, so wie die bürgerliche, ans Haus gebundene Frau gewartet hatte. Lillian Gish oder Elisabeth Bergner verkörpern den Typus einer spiritualisierten Weiblichkeit, deren Kunst sie als Hüterinnen einer Welt zeigt, die sie nicht hervorbringen, nur schmücken. Es kennzeichnet die neue Ära der Garbo-Rollen, daß hier die Frauen, in »moderne Zeiten« versetzt, ihr großstädtisches Schicksal haben. Die gesellschaftlich erzwungene

Vertreibung aus Puppenheim, das ist, in den zwanziger Jahren, der Boden neuer Freiheiten für die berufstätigen Frauen des Mittelstands. Die falsche Nähe der eigenen vier Wände ist dem einsamen Elend der Großraumbüros gewichen. Die Frauen sind aus ihrem Schattenleben herausgetreten – aber stehen sie jetzt im Licht? Das monatliche Gehalt, die eigene Wohnung oder das gemietete Zimmer machen sie unabhängig, zeitgenössisch. Aber sind sie Zeitgenossinnen *ihrer* Geschichte?

Auch die Frauen der Garbo sind unterwegs; sie sind berufstätig. Aber ihre Tätigkeiten sind von besonderer Art und haben selten eine geregelte monatliche Vergütung. Sie sind Tänzerin, Lebedame, russische oder deutsche Spionin, Sängerin und Königin. Ihre romantischen Lebensformen weisen auf das Bedürfnis, in die männliche Wirklichkeit eine weibliche, farbige, poetische Dimension zu treiben. Die Großaufnahme (das Gesicht der Garbo zum Gestirn geweitet) in magischer Ausstrahlung, unverrückbar in ihrer Evidenz, zeigt Bedeutungen jenseits des Alltäglichen. Lieber das fremde, grandiose Bild, der Kult des Besonderen, als der mühselige Aufbau der eigenen Identität und Geschichte: das ist der Schlüssel zu jenem spezifischen Typus der garboschen Weiblichkeit. Ihre Welt, ohne Fenster und Türen und ohne Tageslicht, entwirft aus der Schönheit von Stoff, Lack, Leim und Papier die Zeichen eines gelebten Lebens, das einschränkungslos in einer magisch symbolhaften Schicht der Dinge und Menschen möglich scheint. Drei Personen sind es, die die Filmjahre der Garbo konstant begleitet haben: die drei, die in ihren Filmen für die Kamera, für die Bauten und für die Kostüme zuständig waren. Die Beleuchtung, der Raum, die Ausstattung: fast eine Wirklichkeit für sich, eine immer und immer wieder gleichgeformte synthetische Welt.

Sie sah sich selber als »die Garbo«, verfallen an den eigenen Mythos. Durch ihn hindurch baute sie sich ihre Subjektivität auf. In den Studios von Culver City, in den Dekorationen des Melodrams, im Licht- und Schattenspiel des Zelluloids wurde sie ansässig. Sie war geschaffen, den Verzicht auf ihr eigenes leibhaftiges Glück zu ertragen, indem sie den entfremdeten Träumen aus der Hollywood-Kultur lebendigen Atem einhauchte. Sie ermittelte in den fadenscheinigen Konstruktionen das Poetische; sie gab dem Menschheitstraum von der gelungenen Schöpfung ihr Gesicht.

Mit vierzehn war sie Friseuse gewesen, dann Verkäuferin in Stockholm. Mauritz Stiller, der Berühmte, nahm sie als seine hübsche Begleiterin mit nach Amerika; andere Männer bauten an ihrer Karriere weiter. Im Aufstieg zur »Göttlichen« liegt ihr großer Sprung, der alle, die einmal hinter ihr standen, jetzt hinter sich läßt. Sie überlebte, indem sie die Erscheinung ihres eigenen Lebens verwischte und sich wärmte, wie ihr Publikum, an der Idee, am Pathos der Schönheit – nicht an ihrer in Natur, Körper und individueller Geschichte verankerten leibhaftigen Gestalt. Ihre Produktivkraft blieb gebunden an das Gesicht eines Traumes, dem ihre Schönheit Leben und Erscheinung gab. Schon 1926, nach ihrem ersten Film, hatte Greta Garbo durch einen siebenmonatigen Streik erreicht, daß MGM sie nicht auf der Rolle des Vamps sitzen ließ. Und in ihrem ersten Tonfilm *»Anna Christie«* erschien sie dann, kaputt und übernächtigt, in einer ziemlich heruntergekommenen Kneipe und bestellte sich einen Whisky: mit einer Stimme, die sich »wie eine Nadel auf den Lichttonstreifen einkratzte« (Rudolf Arnheim). So gab sie ihrer Schönheit schließlich etwas in sich Gefährdetes und die Modernität einer in androgyne Bereiche spielenden Ungefälligkeit. Die Freundin Salka Viertel nannte die schönste Rolle der Greta Garbo die Königin Christine, eine exzentrische junge Frau, die sich in Hosen und Männerstiefeln zeigt. Das sind Spuren, die die garbosche Schönheit zeichnen, und in diesen Ambivalenzen steckt ihr Äußerstes.

Sprachlos, im Rückzug, nimmt sie erst im Alter wahr, daß Bild und Wirklichkeit ihres Lebens weit auseinanderweisen. Das Bild auf der Leinwand bleibt unerreichbar für die, die es wirft. Aber es ist der Ort ihrer weiblichen Emigration; das Zelluloid ihr Zuhause.

So wie sie das Bild erfüllte, füllte sie sich mit ihrem Bilde. Sie sättigte sich an den tausend Erscheinungen, die ihr von der Leinwand entgegentraten. Ihre Schönheit, in die Fiktion geglitten, macht ein schimmerndes und verlockendes Leben sichtbar. Undurchdringlich, träge, sich verzögernd, voller Andeutungen, voller Metamorphosen, voller Heimlichkeit ist sie die an den Rändern der Moderne ergriffene und festgehaltene Zeit.

Kino-Schatten.
»Reiches Leben, das es sonst nicht gab«
Ein Gespräch mit meiner Mutter

Die Kindheit der Mutter, die Mutter als Kind gesehen.
Die kleine Schülerin aus dem Steglitzer Lyzeum in Berlin mit der gigantischen weißen
Haarschleife, die sie trug nicht als Schmuck, sondern wie einen Helm.

Schere, die abglitt ins Auge, als sie fünf Jahre alt war.
Auf Fotografien das kleine, eigensinnige, auch traurige Gesicht. Ein weiches Material,
in das sich später Geschichte einzeichnen wird. Strenge Kleider, und doch der Schmuck
des Kragens oder der gestickten Manschetten.

Mit ihrer Mutter ist sie viel allein. Eine Frau, die das bißchen Glück einer preußischen
Offizierswitwe mit Egoismus und Phantasie zu leben versteht. Man ist arm, aber man
muß sich nicht so fühlen. Es gibt noch immer die großen Bälle, auf denen man
triumphiert mit Schildpattfächern, mit den langen Ketten, mit den kleinen Hüten aus
Fellen und Federn. Bis in die späten Zwanziger Jahre, da ist meine Mutter ein junges
Mädchen, reicht dieser Abglanz von Luxus, der keine Basis hat: weder in den Lebens-
verhältnissen der Familie, die sich von der Witwenrente ernährt, noch gesamtgesell-
schaftlich gesehen. Denn die Befreiung der Frau zur weiblichen Angestellten, die sich
jetzt vorbereitet, gibt dem Leben eher einen dürftigen, vor allem funktionalen Zuschnitt.

In diese Jahre fällt das Kino ein; schillerndes, verlockendes Reich der Licht-Bilder, die
über langweilige Rituale, über die platten Fassaden der Bürosilos, über die Gesichter
und Geschichten der Menschen gleiten, die hier alltäglich schauen müssen, wie sie mit
dem Sog der Zeit und gegen ihn den Wunsch nach anderen Realitäten in ihrem Leben
unterbringen können.

Der Besuch meiner Mutter hier in Frankfurt war lange verabredet. In einer Wohnge-
meinschaft im Nordend habe ich ein neues Zimmer, das sie kennenlernen möchte.

Als sie ankam, wollte sie erst einmal gut mit mir essen gehen. Der Wein schmeckt in
solchen Lokalen anders. Jeder Tropfen ein abgezählter Luxus. Die Servietten sind flau-
schiggrün, die Tagessuppe wird mit Sahnetupfer serviert. Basilikum, wenigstens dieses,
sommerherb in den Spaghetti. Meine Mutter ißt hier selbstverständlich gern. Trotzdem
läßt sie das ganze Essen stehen. Sie findet das nicht weiter beredenswert. Manchmal
schmeckt es eben nicht. In ihrem Hotel überfalle ich sie mit einem Plan. Sie hat mir
immer viel vom Kino erzählt: Jetzt will ich mehr darüber wissen. Eine bestimmte
Ästhetik, Reigen der Wunschfiguren, Ideen des Weiblichen, Eindrücke von Gesichtern

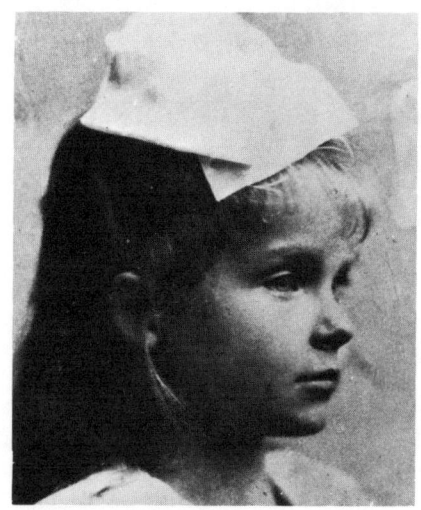

Die Mutter

und Situationen. Das alles hängt irgendwie, an irgendwelchen Punkten, nur faßbar in der Umschreibung, in Gedankensprüngen mit dem Kino, mit Filmen aus frühen Jahren zusammen.

Eine Mansarde im 5. Stock des Frankfurter »Mercator« Hotels. Die Autogeräusche und das Getöse des Baggers, etwas entfernt. Niemand wohnt augenblicklich sonst noch auf der Etage.

Etwas außerhalb und oberhalb erleben wir uns zum ersten Mal, wie Verschworene.

Ich habe eine Liste von Fragen. Ich schalte das Tonbandgerät ein.

Kino. Ein Erlebnis, das man mit sich selber abgemacht hat.

Weißt du, was wir gemacht haben? Meine Freundin und ich, wir haben jahrelang ein Spiel miteinander gehabt. Wir haben Filme gesehen, die in uns Sehnsüchte erweckten: Entweder wollten wir so leben oder auch nur so sein, wie die Frauen, die da gezeigt wurden. Außerdem wollten wir durch sie in irgendeine Verbindung zu den Männern kommen. In welche, das war für uns noch sehr nebelhaft . . . Wir trafen uns morgens auf dem Schulweg und erzählten uns Träume. Wir kamen und sagten, du ich hab heute Nacht einen ganz tollen Traum gehabt. Natürlich waren das Phantasieträume, die wir nicht erlebt hatten. Aber beide wollten wir uns in den Glauben versetzen, die Andere hat das *wirklich ehrlich* geträumt. Wir haben dann aus einem bestimmten Film einige Fakten herausgezogen und dann waren plötzlich wir die Schauspielerinnen, die für uns abgewandelt, die *unerhörtesten* Erlebnisse hatten. Also ... wir waren schön, wir haben große Bälle mitgemacht, und wir haben einen Mann kennengelernt ... Wir sind in unseren Erzählungen und in unseren Gedanken nur bis zu einer ganz bestimmten Grenze gegangen ... Unsere Träume gingen über einen Kuß gar nicht hinaus, wir waren sehr unaufgewacht. Es war wirklich so ... Später sind wir dann von selbst aufgewacht, durch andere Dinge. Wir haben uns etwa erzählt, daß der Willy Fritsch furchtbar krank sei. Wir sind zufällig in der Nähe und retten ihn. Ich pflege ihn gesund, aber natürlich ist eine Krankenschwester da, die ihn auf den Topf setzt. Das konnte in unseren Träumen natürlich nicht vorkommen. Ich hätte ihm nur über die Stirn gestrichen, und er hätte mich angelächelt ... Die Frau hatte die Samariterinnenrolle im Leben des Mannes zu spielen. Sie ist die liebende Frau ... Das war ja auch ein Teil von uns und sehr stark in uns verankert. Die Männer hatten immer auf uns zuzukommen. Wir haben nie versucht, einen Mann zu verführen ... ach, »verführen« ist ein viel zu starkes Wort! Die Männer sollten von sich aus sofort auf uns aufmerksam werden. Wir wollten zwar eine große Rolle spielen, aber deshalb, weil der Mann auf uns aufmerksam wird ... Wenn ich im Kino war und nach Hause kam, habe ich sofort versucht, mich so zu frisieren, wie die Schauspielerin, die mir gefallen hatte. Andere Möglichkeiten hatte ich ja nicht. Ich fing auch an, mich sehr schüchtern etwas anzumalen. Das war streng verboten. Wir haben uns manchmal ins Treppenhaus gestellt und uns bemalt, gesprochen haben wir dabei nicht, das ging nicht über Worte ... Das wäre schon zu dicht, zu realistisch gewesen. Wenn mir ein Film nicht gefallen hatte, dann habe ich das gesagt. Ich kann mich aber erinnern, daß dann meistens nur die Antwort kam, ich fand ihn aber schön ... und damit war das Gespräch dann beendet. Und ich habe mich auch gehütet, näher darauf einzugehen. Du kannst mit wenig Menschen streiten, ohne daß es ein richtiger Zank wird. Damals fielen solche Gespräche überhaupt aus. Wenn ich aus dem Film nach Hause kam, wollte ich gern allein sein. Denn wenn meine Mutter gesehen hätte, wie ich versuchte, mich den Schauspielerinnen anzugleichen, die ich gerade gesehen hatte, hätte sie gesagt: Was machst *du* denn da?! Ich hätte auch gar nicht *gewußt,* mit wem ich hätte darüber sprechen sollen! Nein . . . das war ein Erlebnis, das man mit sich selber abgemacht hat. Man hat sich, möcht ich sagen, angereichert, sich selber angereichert mit Wünschen, Phantasien, Hoffnungen, Gedanken, auch *Vornahmen*. Man hat sich gesagt, das mach ich auch! . . . Ich hab meiner Mutter, wenn ich ihr überhaupt etwas erzählt habe, den *Inhalt* der Filme erzählt. Was ich dabei für Empfindungen gehabt habe, das habe ich ihr ganz bestimmt nicht gesagt. Und meiner Freundin habe ich das ausschließlich in den Träumen erzählt, ich habe es ihr ungewollt mitgeteilt . . . Wir haben uns eine ziemlich kindliche Stufe lange erhalten. Wir haben über die Möglichkeiten, die im Menschen liegen, obwohl wir doch auch Schicksale miterlebten, gar nicht so viel nachgedacht. Wir haben unsere *Träume* gehabt! Wir sahen uns am liebsten schöne Frauen an, die von Männern begehrt wurden . . . und so wollten wir sein! Wir haben nicht über die Personen und Charaktere nachgedacht. Wir wollten geliebt werden wie die Frauen in den Filmen. Man hat in Gedanken vielleicht ein bißchen die verführende Rolle übernommen, aber doch immer die sich fügende. *Wir* waren die, die erobert werden mußten. Wenn ich denke, daß heute eine Frau die Möglichkeit hat, zu einem Mann zu gehen und zu sagen, du *gefällst* mir, ich möchte mit dir zusammen sein, ich möchte mich mit dir unterhalten, das wäre *vollkommen* unmöglich gewesen! . . . Daran hat man auch gar nicht gedacht! Allerdings war es natürlich eine große Verlockung des Kinos, daß man da Händchen halten konnte. Man hatte ja nur diese Möglichkeit! Das war eine wichtige Aufgabe des Films, es kam vor, daß man überhaupt nur deshalb ins Kino ging, weil man mit jemandem gerne unbeobachtet und allein sein wollte. Das wurde auch durchaus toleriert. Film war für mich eine Traumwelt, in der ich gerne gelebt hätte. Wir wollten ein ewigwährendes Leben in höchsten Kreisen spielen. Wir haben uns nie interessiert für junge Mädchen, die arbeiten mußten oder kein Geld hatten. In unseren Träumen waren wir *immer* geliebte, sehr vermögende, schöne Frauen, die dienstbare Geister um sich hatten. Denn das alles waren wir ja nicht . . . uns hat zu anderen Gedanken damals niemand angeregt. Ich spreche jetzt von meiner Schulzeit, als 1928/29.

Filme, die das realistische Leben spiegeln, sind meiner Ansicht nach damals überhaupt nicht gedreht worden. Es gab fröhliche Filme oder erotische Filme oder die ganz großen Dramen... Nimm etwa »Metropolis«. Das war ja ein Aufbruch in eine andere Kino-Welt. Hier war zum ersten Mal überhaupt ein Film, zumindest stellt es sich mir so dar, in dem das elende, geschundene Volk überhaupt *gesehen* wurde! Aber auch diese Welt war phantastisch, denk an die unterirdische Stadt, die dann im Wasser versinkt. Später wurde der Film immer mehr zum kulturellen Gut. Zum Kunstprodukt. Es gab Filme, die *mußte* man sehen! Filmpremieren waren ein ganz großes gesellschaftliches Ereignis. Oft gabs da gar keine Karten! Wenn ich zum Beispiel an den »Ufa-Palast« denke! An den Tauentzien-Palast, Marmor Palast oder Gloria-Palast – übrigens alles Paläste! Man zog sich elegant an und während man dann noch so erwartungsvoll auf seinen Plätzen saß, ging ein Podium hoch mit einer weißen Elektronenorgel. Der Organist hieß Schimmelpfennig. Er spielte schon mal die Melodien aus dem Film. Außderdem kamen die Stars selbst zu den Premieren, in großer Aufmachung. Bei den meisten Filmen war es ja auch üblich, daß vorher eine Bühnenschau lief mit großem Orchester. So etwas kennst du ja überhaupt nicht mehr. Auf der Bühne gab es Zauberer oder einen Illusionisten. Das gehörte einfach noch dazu. Ein bißchen Zirkus. Man spricht ja immer von den »tollen zwanziger Jahren«. Natürlich waren das nur für eine bestimmte Schicht die tollen Jahre. Denn es hat ja furchtbar viel Elend gegeben! Inflation und diese wahnsinnige Arbeitslosigkeit! Es gab ja soviel Elend in dieser Stadt. Das hat man damals bloß nicht so *gesehen!* Es gab Streiks, es gab Volksküchen, es gab viel Armut. Dem sind wir einfach aus dem Wege gegangen. Und am Kurfürstendamm, da war immer *herrliches Leben!* Da war die ganze Vergnügungsindustrie angesiedelt! Revuetheater, Kabaretts, Filmtheater. Wie reich diese Stadt an Künstlern war! Eine Anhäufung! Fritz Lang, Murnau ... die ersten Emotionen spielten sich damals für uns sogenannte höhere Töchter in Büchern oder im Kino ab. Ich selbst hab kein Taschengeld damals bekommen. Meine Freundin hatte 5 Mark, und wenn sie die bekommen hatte, kam sie zu mir und sagte »Los, wir gehen ins Kino!«. Diese 5 Mark haben wir ausschließlich im Kino ausgegeben. Einer meiner ersten Filme hieß »Spione« mit Willy Fritsch. Das war ein Willy Fritsch, wie man ihn später nie wieder gesehen hat. Er war ein bartstop-

peliger, etwas vergammelter Detektiv, der irgendetwas aufzuklären hat
. . . Und diese Rolle war so wahnsinnig aufregend, daß ich im Kino
ohnmächtig geworden bin. Ich weiß, daß ich damals schon 17 Jahre alt
war, denn man fing ja damals nicht so früh an, ins Kino zu gehen. Ich
liebte den Willy Fritsch unglaublich und die Gefahren, die er zu bestehen hatte, regten mich einfach zu sehr auf! Es war eben eine ganz andere Situation als heute. Wenn ich mich so an die Filme erinnere, die *wir*
als junge Mädchen gesehen haben! Heute wird ja schon den jungen
Menschen vorgesetzt die Traurigkeit, der Alltag und die Schrecklich-
keit des Lebens. Ich glaube, es gibt heute gar keine Filme mehr, über
die man einfach nur lachen kann und in die man sich hineinträumen
könnte. Ich weiß, daß du das albern findest.

Die schönen, die guten und die bösen Frauen:
Da gibt es ja so vieles, was man selbst sein möchte

Ich habe Frauen gesehen, wie die Harvey, die Gerda Maurus, die
Dinah Grace, Pola Negri oder die Wessely. Frauen wie Brigitte Helm
aus »Metropolis« oder die Wessely: Das sind Frauen, die für mich in
der Erinnerung immer im Zusammenhang stehen mit Rudolf Forster.
Er war ein Typ, der uns fasziniert hat, ein dekadenter Lebemann. Er
war traurig und geheimnisvoll. Und der große Liebhaber. Ich bin ohne
Vater aufgewachsen, und er repräsentierte für mich etwas . . . etwas
»Väterliches« wäre vielleicht zuviel gesagt, aber etwas Erfahrenes,
etwas Beschützendes. Gerda Maurus hat mir zum ersten Mal gezeigt,
wie schön Frauen sein können! Und wie elegant und eindrucksvoll!
Daß eine Frau ein Wesen ganz für sich ist. Nicht einfach ein Mensch,
sondern ein Wesen ganz für sich. Ich habe sie als *Frau* erlebt. Sie geht ja
allein auf den Mond, um mit Willy Fritsch dort weiter zu leben oder zu
sterben, das bleibt für die Phantasie offen. Ich habe da zum ersten Mal
gesehen, wie weit eine Frau geht, wenn sie liebt. Oder ich denke an
Brigitte Helm in dem Film »Alraune«. An dieser Frau hat mich das
Böse interessiert. Dieses Vielfältige und dieses ausgesprochen Kaltblü-
tige und das *Herzlose!* Das hat mich einfach *interessiert!* Daß *das* in einer
Frau vorgehen kann! Ich fand diese Figur spannend. Die Helm war wie
eine Schlange, mit ganz gelben Augen. Aus lauter Lust schickt sie ihren
Freund auf den Balkon, damit er sich da eine Lungenentzündung holt.
Mit welcher Unbekümmertheit sie immer nach dem Bösen gesucht
hat! Nun ist ja die »Alraune« kein natürlich entwickelter Mensch, sie ist

Pola Negri

Paula Wessely

aus dem Samen eines Gehenkten, und eine Prostituierte hat das Kind
ausgetragen. Da hat man sich ja nun wirklich alles nur denkbar Böse
zusammengesucht. Brigitte Helm war eine *sehr* schöne, sehr elegante
Frau. Ein schmales Gesicht mit sehr kalten Augen. Das war ja überhaupt eine Zeit, die das Dekadente liebte . . . ach, und die Pola Negri!
. . . Sie . . . war für mich die erste wirklich verruchte Frau, etwa in dem
Film »Mazurka«. Sie strahlte eine unglaubliche Sinnlichkeit aus . . .
Heute sagt man »sexy« dazu, »erotisch« hätten wir damals gesagt. Ich
glaube, sie hat nicht nur auf Männer so gewirkt, sondern auch auf
Frauen. Sie hatte Ausstrahlung. Sie war die femme fatale. Sie hat die
verführerische und auch die zerstörerische Frau gespielt, die *glücklich*
sein wollte, aber die auch nicht dulden konnte, daß um sie herum sehr
viel Glück gewachsen ist. Das habe ich natürlich damals ganz toll gefunden! Die Erotik dieser Frau, dieses Männeranziehende . . . so wäre
ich gerne gewesen . . . Das hat mich beinahe fürchten gemacht, aber es
hat auch eine ungeheure Faszination ausgeübt . . . Dann gab es ja auch
ihre Schallplatten. Dieses Lied aus »Mazurka« . . . Ich erinnere mich,
daß ich es mir gekauft habe und Stunden, Tage, Wochen gehört habe.
Immer wieder. Sicher oft hintereinander und jeden Tag . . . »Ich spür in
mir, ich fühl in mir das wilde heiße Blut« . . . Die Wessely war der liebe,
gute Mensch. Wenn man so jung ist, sind ja auch alle möglichen Strö-
mungen in einem da, die nach allen mögichen Seiten laufen und die

109

man entweder weiterverfolgt oder im Laufe der Jahre absterben läßt. Für einen jungen Menschen war diese Frau *auch* wieder verführerisch: ach, ja so möchtest du *sein!* und bei der Negri dachte man: eine tolle Frau! Da gibt es ja so vieles, was man selbst verwirklichen möchte, selber *sein* möchte. Es kommt ja viel viel später erst, daß man sich entscheidet oder . . . daß man auf einen Weg geschoben wird und die anderen Sehnsüchte, die vielleicht auch noch in uns leben, verkümmern lassen muß. Man kann nicht alles schaffen . . . Man kann ja nicht alles bewältigen. Man kann ja nicht alles ausleben und weiterentwickeln . . . Alles, was angelegt ist. Vielleicht hätte es dann so sein können, daß die Wessely, um bei diesem Beispiel zu bleiben, in den Hintergrund getreten wäre und die Negri in meinen Wünschen, in meinem Nachahmungstrieb in den Vordergrund getreten wäre. Es kommt darauf an, wie einem das Leben später die Wege weist . . . Wenn du mich so fragst, dann muß ich noch weiter gehen und da spür ich auch wieder Sachen auf, . . . die ich vielleicht vor mir selbst gar nicht *so* mehr wahrhaben möchte. Etwa . . . daß man sich so angesprochen fühlte von der unglaublichen erotischen Faszination der Dietrich. Man fühlte den Wunsch, so empfinden und erleben zu können wie sie. Aber so weit wie sie . . . wäre ich selbst nie gegangen! Weil ich ja viel zu sorgfältig bürgerlich erzogen worden bin. Für uns gab es immer die Idee: Aber Sicherheit muß *auch* sein! Das was so . . .! Diesen großen Schwung hätte ich nicht gehabt. Ich könnte nicht sagen: Mir ist ganz egal, was daraus wird, ich könnte einem Legionär in die Wüste folgen. Den Mut hätte ich nicht gehabt. . . . *Du* hättest die Negri *ganz* toll gefunden. Die wäre für dich eine Offenbarung gewesen. Ich *weiß* das. Wenn sie dieses Lied aus »Mazurka« gesungen hat, ist dir das durch und durch gegangen. Wenn ich dann aus dem Kino nach Hause gekommen bin, ging das natürlich weiter . . . Da gab es dann keine Märchenerzählungen mehr mit der Freundin, das hat man dann mit sich selbst abgemacht. Ja . . . das sind die beiden Richtungen, die ich sehe: Das Weibliche, Erotische und, ich möchte es nennen das »Frauliche«, das heißt, man wurde seines guten Charakters wegen geliebt. Wegen moralischer Stärken. Bei der Negri gab es einen Exotismus, den es nicht unter deutschen Frauen gibt. Dieses Wilde und dieses Dunkle . . . ein ganz anderer Typ war die Elisabeth Bergner. Für meine Begriffe das wunderbarste Geschöpf, das man sich denken konnte. Sie war eine Frau, die man immer lieben und beschützen wollte. Die Bergner – als Schauspielerin natürlich – war ein Mensch, der ganz kindlich, zart, zerbrechlich war

und oft in ihrer lieblichen Unschuld andere Menschen in den Selbstmord getrieben hat. Ohne es überhaupt zu wissen oder zu wollen! Wenn ich an den »Träumenden Mund« denke . . . das war wohl einer ihrer schönsten Filme. Sie war als Frau über die elementaren Anlagen hinaus, die zum Beispiel die Negri besaß. Hier war schon das fundiert charakterliche Bild erkennbar. Das Vielfältigere auch. Das Menschlichere. Bei ihr hast du nicht einfach so dahingedacht, so möchte ich aussehen oder so möchte ich sein . . . Wenn ich zurückdenke, würde ich sagen: *Du* hast etwas, was die Bergner hatte. Das Kindliche und Gutherzige, aber auch das unbekümmert Kaputtmachende. Das *Unbekümmerte*. Sie will nie bewußt etwas zerstören, denk mal auch, wie *du* bist! Die Bergner konnte sagen, *das* will ich haben, auch wenn alles *andere* darüber kaputt geht. Bis heute ist diese Frau für mich einmalig, ganz einmalig. In der Negri hättest du nie den *Geist* gesucht, ohne daß du sie deshalb für dumm oder vulgär gehalten hättest. Sie ging einfach auf in ihrem Typ. Verstehst du, wie ich das meine? Ja, natürlich verstehst du es. Wenn die Bergner als Zerstörerin auftrat und darüber dann geweint hat, wollte jeder, auch der, *den* sie zerstört hat, zu ihr hingehen und sie trösten und sagen, weine nicht. So habe ich die Bergner gesehen, ich möchte sagen . . . ich habe sie richtig *erlebt* . . . Dann gab es so Frauen wie die La Jana. Die La Jana war ein Kunstwerk! Ich kann mir kaum vorstellen, nein, das ist ganz unmöglich, daß sie zum Beispiel vulgäre Begierden in einem Mann geweckt hätte. Eher Liebe und Zärtlichkeit. Man hat einfach die Schönheit des Körpers gesehen. Aber sie als Frau war natürlich auch *blaß*. Sie hatte den schönen Körper und darüber hinaus – *nichts!* Das hat aber gereicht. Weil sie *so* schön war! Da gabs dann eine simple Handlung und sie hat ein paar hübsche Bewegungen gemacht. Und das sah eben alles schön aus bei ihr.
In Wirklichkeit konnte ich Frauen nie leiden. Das kann ich dir mit einem Wort sagen. Ich hatte meine Freundin, die habe ich sehr lieb gehabt. Das ist die einzige Frau, du weißt ja, daß wir heute noch Freundinnen sind, die ich wirklich gern hatte. Ich finde auch heute noch, drei Frauen auf einem Haufen zu viel. Ich kann dir das nicht erklären! . . .
Ich hab immer, ohne daß ich nun ein männerbeladenes Leben geführt hätte, ich hab mich immer zu Männern hingezogen gefühlt. Ich will wirklich nicht überheblich sein, aber wohl deshalb, zumindest war es früher so, weil die Männer mehr zu sagen hatten! Weil sie mehr erlebt haben als die Frauen! Das war mir einfach interessanter. Im Allgemeinen hatten die Frauen immer viel zu erzählen vom Haushalt, für den

ich ja nicht so furchtbar viel übrig hatte. Es war nicht meine liebste Beschäftigung. Und da gings dann in den Gesprächen um den Haushalt, ums Putzen, Kochen und Kinderkriegen. Ich hab das erstaunlicherweise auch viel bei Schauspielerinnen erlebt, die so im privaten Kreis völlige Hausmütterchen waren. Ich dachte dann, *du* hast eben diese phantastische Rolle gespielt, du müßtest doch ganz andere Gedanken im Kopf haben. So war es aber nicht . . . Und die Männer haben *immer* irgendetwas zu erzählen gehabt. Ich konnte mit den Männern auch diskutieren, die waren darin großzügiger. Frauen werden so leicht persönlich oder sie sind beleidigt. Ich habe das immer wieder erlebt, daß Frauen, wenn man mal einen etwas weiteren Ausflug machen möchte, schnell bereit sind, das abzutun. Man steht dann so ein bißchen da und überlegt sich dann, hast *du* Unsinn geredet? Eigentlich bin ich dann immer zu der Überzeugung gekommen: Die *kann* nicht . . ., *ehrlich!* Ich bin doch auch mit Frauen zusammen gekommen, die *viel* erlebt haben, aber ich konnte nicht sagen, daß da ein Funken übergesprungen wäre, das habe ich nie erlebt . . . Daran kann ich mich nicht erinnern . . . Weißt du, vielleicht bei der P.K.. Sie war eben ein warmherziger und auch großzügiger Mensch. Klebte auch nicht so an den hergebrachten Formen. Nun war sie ja auch Norwegerin . . . Sie war großzügig im *Denken,* was ich jetzt auf mich nicht sofort beziehen will . . . Ich sage nur, ich bin mit solchen Frauen dann besser ausgekommen. Auch noch die Frau W. . . . mit der konnte ich auch gut! Ja . . . gut, es war damals so eine Modesache, aber die hatte eben die gläsernen rosa Schuhe, von tausend Leuten war sie die *einzige,* die sie dann auch *trug.* Sie hat früher mitgewirkt in diesen Tanz-Revuen im »Metropol-Palast«. Und zwar vollkommen nackt . . . weil sie so einen schönen Körper hatte, daß es einfach vom ästhetischen her »erlaubt« war, sich zu zeigen, ähnlich wie die La Jana vielleicht. Erstmal hat sie mir sehr geholfen, als ich krank war, da war sie eine ganz tolle Hilfe für mich. Vom Herzen her hat sie sich immer für Frauen stark gemacht, sie war Jüdin und hatte dieses Reizvolle und auch dieses etwas Ungeniertere an sich. Weißt du, sie war nicht so preußisch erzogen, wie ich das war. Und das hat mir so gut an ihr gefallen . . . Die faßte Gesprächsstoffe an, über die ich zum Beispiel nicht gesprochen hätte. Die ging an jedes Thema ran, die fand nichts tabu. Das hat mir gefallen . . . Verstehst du?, so . . .! Die hat nicht lange überlegt, was sie sagt, und hat trotzdem nie irgendwelchen seichten Quatsch geredet. Das war eine der wenigen Frauen. Die hat so intensiv *gelebt.* So habe ich sie jedenfalls in Erinnerung. Bei ihrem ersten Besuch bei uns kam sie ins Zimmer rein und sagte: *Aber nein!* Sie müssen dieses Zimmer völlig *umräumen!* Dieser Schrank, der muß *dort* stehen und das Bild muß *dahin!* Und jetzt wollen wir gleich anfangen! Weißt du, *so war die!* Ich hab manchmal an sie gedacht . . . Ich muß feststellen, die Männer mochten mich auch mehr als die Frauen. Die Frauen konnten mich nicht leiden! Die haben immer gesagt von mir: »Preußischer Offizierstyp«, und ich glaube, ich war das auch als junges Mädchen und als junge Frau. Meine Mutter hat früher immer zu mir gesagt, weißt du, ich werde dir ein Hackbrett schenken, und da kannst du alle und jedes zerhacken, alles, was *auftaucht!* Und kannst aus allem ein Problem zusammenfügen! Das war ja früher meine Art. Und das habe ich ja heute noch an mir . . . Den eigenen Schmerz zu kultivieren und in Melancholie und Grübeleien zu versinken. Nie etwas leicht hinnehmen und sagen, das *ist so!* Und durch meine Schüchternheit habe ich diesen etwas arroganten und hochmütigen Eindruck gemacht. Was ich *überhaupt* nicht war! Das war ich gar *nicht!* Obwohl ich manchmal gedacht hab von einer anderen: Dumme Pute! Und die Künstler, die ich dann durch deinen Vater und seine Arbeit bei der Schallplatte kennenlernte, gehen ja gleich ganz spontan aufeinander *zu, ganz* offen! . . . und das habe ich ja nie so gekonnt. Das kann ich auch heute noch nicht. Ich habe dir ja gesagt, ich kann mit *dir* gut reden, weil du soviel rauslockst, aber sonst bin ich . . . schwer zugänglich. Ich warte, was mir der andere für Wege öffnet, auf denen ich ihm dann auch entgegenkommen kann. Ich fange von mir aus nichts an. Ich warte. Ich tu es nicht, ich laß es auf mich zukommen.

In diesen Filmen war schon der drohende Zeigefinger da.

Dann tauchte die *Söderbaum* auf mit ihren Problemfilmen. Sudermann wurde verfilmt. Da war die heitere Zeit des Films vorbei, die Zeit der schönen Scheinwelt. In diesen Filmen war schon der drohende Zeigefinger da, und man *wollte* die Fritsch/Harvey Filme gar nicht mehr sehen. Man hat über sie gelächelt und gesagt, Gott, *damals!* Da hat man *das* also schön gefunden! Es ging ja dann auf den Krieg zu und man hatte einfach nicht mehr den Sinn dafür. Nicht mal mehr das Gefühl, ach, schau dir doch mal so einen netten harmonischen Film an. So harmlos konnte man da nicht mehr sein. Die Söderbaum hieß die

Reichswasserleiche. Sie ging eigentlich immer ins Wasser oder erfror im Schnee, weil sie ein uneheliches Kind erwartete. Man wollte eine deutsche Idealfigur aufbauen, die deutsche Frau. Man wollte ihr zeigen, wie glücklich sie wird, wenn sie einen treudeutschen Mann heiratet und wie unglücklich, wenn sie sich mit Andersdenkenden einläßt. Das war das ganze Bestreben des Films. Wir sollten uns als Deutsche und als nichts anderes fühlen und nicht mehr über Grenzen hinüberschauen. Jetzt gab es *Schicksale* mit George und der Leander. Etwa den Film »Heimat«. Da geht es um eine Tochter, die vom Vater nichts mehr wissen will. Man beschäftigte sich auf eine Art und Weise mit den Gefühlen, die aus den Menschen einen einheitlichen Klotz machten. So kleine Verästelungen der Handlung gab es ja dann nicht mehr. Es ging zum Beispiel um die Opferbereitschaft. Ich denke an einen Film mit Paula Wessely, die eine versprengte Gruppe durch irgendwelche Schlüchte führen muß. Alle können nicht mehr weiter und verzweifeln, sie singt und richtet sie wieder auf. Heroismus... Ein anderer ganz schlimmer Film hieß »Ich klage an«, nach einer Stormschen Novelle gemacht. Die Hatheyer leidet an einer unheilbaren Krankheit. Sie geht seelisch fast zugrunde daran, weil sie weiß, wie krank sie ist. Er auch, weil er ihr nicht helfen kann. Er verspricht ihr, ihr beim Sterben zu helfen. Das tut er auch... Und das war eine Vorbereitung auf die Euthanasie. Der Film hat verschwiegen, daß in der Stormschen Novelle, als die Frau beerdigt ist und der Mann wieder Zeit findet für seine medizinischen Bücher, er einen Hinweis darauf findet, daß er seiner Frau hätte helfen *können*. Das persönliche *Unglück* bleibt, aber die Hoffnung, daß es immer weiter geht, daß wird in diesem Film nicht gezeigt. Wenn man heute Gelegenheit hätte, die damaligen Filme hintereinanderweg zu sehen, ich glaube ... die *Augen* würden einem übergehen! *Alles,* was die dann später an Verbrechen begangen haben, haben die so vorbereitet, daß die Menschen praktisch, ich könnte beinahe sagen, es für *richtig hielten.* Der Film war da eine große Waffe. Er hat unendlich viel vorbereiten helfen. Früher habe ich das alles gar nicht so klar erkannt, man muß ja in alles reinwachsen, heute weiß ich das. Heute sehe ich, wie schrecklich diese Filme waren und was sie beabsichtigten.

Wenn meine Mutter an meiner Puppe eine Schleife gebunden hat, habe ich die Schleife nicht wieder aufgemacht

Ich erinnere mich an einen Film mit Richard Tauber, in dem er wohl auch Regie geführt hat. Ich glaube, es war sein einziger. Da spielt er einen ganz armen Seemann, der an einem Mast steht und sehnsuchtsvoll an seine *Mutter* denkt! Die Mutterverehrung stand ja damals über allem! Da singt er dieses Lied: Ob früh oder spät, das Glück von dir geht, deine Mutter bleibt immer bei dir! . . . Das habe ich am eigenen Leibe gespürt. Meine Mutter habe ich verehrt wie eine Heilige. Wenn meine Mutter an einer Puppe eine Schleife gebunden hat, habe ich die Schleife nicht mehr aufgemacht. Weils meine *Mutter* gemacht hat! Und

Die Großmutter

das hat sich auch in vielen Filmen niedergeschlagen. Die Liebende, entsagende, möglichst für ihre Kinder in den Tod gehende Mutter. Ich glaube, Zille war der erste, der auf seine Weise diese Darstellung des Mütterlichen angegriffen hat. Er war, glaube ich, auch gegen den Paragraphen 218 . . . Ich habe meine Mutter *so heiß* geliebt, ich glaube, ich wäre damals, ohne mich zu besinnen, für sie in den Tod gegangen. Meine Mutter war ja wahnsinnig streng, sie sagte immer du kriegst gleich eine Tachtel und ich hatte sie dann schon. Und sie hat gar nicht lange darüber nachgedacht, ob sie mich gerecht behandelt . . . und ob sie mir

gerecht wird . . . sie hat mich halt *geliebt.* Aber da war eigentlich die Beziehung viel *ursprünglicher.* Immer war klar, wir leben ja zusammen
und irgendwie wird es schon gehen. Wir streiten uns, wenn nötig, und
du kriegst auch mal eine aufs Dach, wenns sein muß und mir danach
ist. *So* hat meine Mutter gedacht. Die hat nicht überlegt, behandel ich
das Kind jetzt richtig? . . . Aber um über dieses Thema weiter zu reden,
bin ich jetzt zu müde . . . wir brauchen auch ein neues Band, und um
weiter zu sprechen, müßten wir uns darüber *beide* auseinandersetzen.
Da müßte ich nämlich auch von dir . . . vieles hören darüber, wie du
mich gesehen hast. Man könnte sagen, ein weites Feld . . .

(Ich stoppe das Band und wir bestellen uns bei der Rezeption des Hotels Kaffee und Tee.
Wir haben beide Lust, das Gespräch am nächsten Tag fortzusetzen; vielleicht an dieser
Stelle, vielleicht an einer anderen. Ich merke, daß die Fragen, die ich stellen wollte,
nicht weniger werden im Laufe des Gesprächs, sondern mehr. Meine Mutter läßt sich
ein Stück weit das bespielte Band zurückspulen und hört sich eine Weile zu. Sie ist unsi-
cher darüber, ob das, was sie sagt, irgendeine Bedeutung haben kann. Ich weiß nicht,
wie es mir geht. Ich bin Voyeur, denn ich schaue meiner Mutter mit Lust zu, wie sie ihre
Gedanken entwickelt. Gleichzeitig weiß ich schon, daß es ein jedenfalls brisantes Material über meine eigenen subjektiven Traditionen ist, dem ich hier zuhöre und das ich
fragend in die Wirklichkeit hole. So oder so, noch ungenau: Was ich höre, sind Finger-
zeige auf mich selbst).

. . . die Autorität meiner Mutter hat mich mein ganzes Leben lang begleitet. Von ihr habe ich mich mein ganzes Leben nicht befreit, auch
heute noch nicht. Meine Mutter war für mich Autorität über den Tod
hinaus. Wenn ich an Situationen zwischen uns zurückdenke, sehe ich
sie immer als die Führende, als die Beherrschende . . . Sie ist es ja später dann gar nicht mehr gewesen. Aber innerlich habe ich es immer so
empfunden. Ich habe mich nie von ihr freimachen können, das habe
ich *nie* gekonnt. . . . Ich habe immer Angst vor ihr gehabt. Das kann
ich mit einem Satz sagen. Ich habe Angst vor ihr gehabt. Und das hat
sie auch sehr gut verstanden und versucht, die immer wieder in mir
anzufachen . . . ich finde es aber *auch* nicht gut, wie sich das *heute*
entwickelt hat, Kinder *sollen* sich von ihren Müttern lösen. Ich finde,
abhängig sind beide voneinander. Ich bin doch auch abhängig davon,
ob ihr mich liebt und *wie* ihr mich liebt. Das ist für mich eine Lebens-
frage, für euch *natürlich* nicht mehr. Wenn ihr sagen *könntet,* die Mutter ist eine bestimmte *Person* in unserem Leben, von der ich mich sogar
vielleicht ein bißchen abhängig fühlen *möchte!,* das würde ich gut finden . . . Mit meiner Mutter habe ich den ersten Tonfilm gesehen, er

hieß »Die Nacht gehört uns« mit Hans Albers. Wir sind sehr viel zusammen ins Kino gegangen. Da waren wir immer ganz fröhlich und vergnügt und entspannt. . . . Ja, damals entspannte Kino ja vor allem. Heute kommst du ja aus dem Kino raus und mußt erstmal furchtbar nachgrübeln und nachdenken. So sind doch die *meisten* Filme. »Deutschland im Herbst« zum Beispiel, der mich sehr beeindruckt hat. Oder auch »Die Spitzenklöpplerin«. Da muß ich nachdenken, warum mir der nicht gefallen hat, weil doch alle anderen so fröhlich darüber reden und sagen, es sei ein unerhörter Film. Man hat die Filme früher anders gesehen als man heute Filme sieht. Wenn ich zum Beispiel an den Dorothea-Wieck-Film denke »Mädchen in Uniform« . . . wir haben den *so* gesehen: Ach, ein junges Mädchen hat früh seine Mutter verloren und liebt nun an Mutter Stelle die Lehrerin mit töchterlichen kindlichen Gefühlen. Und es war unbegreiflich, warum das ganze Institut und die Lehrerin so feindlich waren gegen jede Zärtlichkeit, jeden Liebesbeweis, wenn ich heute den Film sehe, dann weiß ich ja, daß es sich dabei um lesbische Gefühle gehandelt hat, die da herausgespielt wurden. Ich hab neulich ein Interview gesehen mit der jungen Schauspielerin aus diesem Film, sie hieß Hertha Thiele. Sie lebt jetzt in der DDR und ist eine alte Dame von über 70 Jahren. Sie war so ein bezauberndes, unschuldiges und junges, noch ein bißchen ungeschicktes Geschöpf in diesem Film. Und sie heute als über 70jährige wiederzusehen! Noch dasselbe Gesicht, aber eben kein unbeschriebenes Blatt mehr, sondern ein Gesicht, in das sich alle Leiden, alle Erlebnisse eingezeichnet haben, und man kann in diesem Menschengesicht eigentlich sehen, daß das Leben doch nicht allzu viele Höhepunkte hat. In alten Gesichtern siehst du vor allem Bösartigkeit, Traurigkeit, Verbitterung. Du triffst eigentlich selten . . . auf schöne alte Gesichter, die meisten sind voller Traurigkeit, Melancholie . . . und das hat mich eigentlich sehr bewegt. Dieses Gesicht von der Hertha Thiele.

Kein Mädchen wäre auf die Idee gekommen zu sagen,
ich zahl die Mark für meinen Kaffee selbst

Ich würde heute noch entzückt sein von jedem Mann, der meinem Idealbild entspricht. Weißt du, das kann mich immer noch begeistern. Manchmal begegnet man ja auch heute noch solchen Menschen. Dieses Elegante, Fröhliche und doch so ein bißchen Beschützende . . . Das ist natürlich noch so die alte Rolle: Das Mädchen, das beschützt werden möchte. Das weiß ich, das spür ich selbst. Das ruht immer noch so ein bißchen als Traum oder Sehnsucht in mir. Man kann das nicht verwirklichen, aber es ist immer noch da. Es gibt schöne Bilder, die haben sich mir eingeprägt. Zum Beispiel Willy Forst und Paula Wessely, die auf einem Wiener Hofball zusammen tanzen. Dabei war der Forst ein ernsthafter Arbeiter, der sich seiner Kunst voll bewußt war. Ich habe den Film »Bel Ami«, in dem er gespielt hat, vor kurzem mit einem französischen Schauspieler gesehen, da war der ganze Charme eigentlich weg . . . »Bel Ami« war nur noch ein berechnender Typ, der die Frauen ausgenutzt hat, während der Forst die Rolle ja so angelegt hatte, daß er das zwar auch gemacht hat, aber mit solcher Unbekümmertheit, daß die Frauen, die er verlassen hat, auch noch glücklich waren bei ihm . . . das ist eine Begabung! In den Filmen früher gabs Männer, die gibts heute gar nicht mehr. Wenn ich an Georg Alexander denke oder auch an Männer, die komische Rollen spielten. Unbeschwert und fröhlich und in einer Weise auf Frauen eingestellt, die ja heute nicht mehr Mode ist. Das hat uns doch ganz gut getan, wenn die Männer uns als *Frauen* betrachtet haben . . . Mit Handkuß und mit Aufstehen, wenn man an den Tisch getreten ist. Mir ist neulich in einem Café mal mein Mantel runtergefallen. Um mich herum saßen lauter junge Leute, die schauten sich alle fragend an, aber denkst du, *einer* hätte sich gerührt und hätte mir den Mantel aufgehoben? Die Frauen wollten ja gleichberechtigt sein, manches Schöne ist dabei auch verloren gegangen und manches Wohltuende . . . wenn man ausging, da wäre man doch nicht auf die Idee gekommen: Ich muß meinen Kaffee selber bezahlen. Was heute für euch ja eine Selbstverständlichkeit ist . . . Ihr sagt, wir stehen ja *nebeneinander*. Kein Mädchen wäre auf die Idee gekommen zu sagen, ich zahl die Mark für meinen Kaffee selber. Ein Mann mußte dafür *sorgen*, daß er auch genügend Geld hatte, wenn er mit einer Frau ausging. Ja, natürlich war das ein Zwang! . . . Aber weißt du, ich meine jetzt nicht das Geld, ich meine das Gefühl: Du bist der begehrte Mensch! Du brauchst dich nur schön zu machen. Dann wird dir alles dargeboten. Ihr seid ja heute viel sachlicher. Und ich kann es zum Beispiel sehr schön finden, daß ihr euch gegenseitig einladet. Mal der eine, mal der andere. Diese kameradschaftliche Zärtlichkeit finde ich gut. Ich würde das heute *auch* so empfinden. Wenn eine Frau selbständig ist und sie sagen kann, ich möchte dich heute abend einladen . . . Früher mußte der Mann der Frau etwas bieten, wenn er sie zu einem Gespräch oder zur Liebe oder zur Ehe haben wollte. Das *war* so! Wenn man länger darüber nachdenkt, war es gar nicht so sehr schön. Ich weiß das schon, aber ich sag, es *war* so! Aber es konnte auch erstmal gar nicht anders sein, weil die Frau keine anderen Möglichkeiten hatte. Die konnte sich nur schön machen, konnte geistvoll und liebevoll sein. Sie hatte ja kaum Möglichkeiten, *anders* zu sein! Ich war befreundet mit einem Juristen, den hatte ich eigentlich sehr gern. Wir sind sehr viel ausgegangen, und der hatte wirklich mal sein Portemonnaie vergessen. Da hab ich gesagt, ich werde den Kaffee bezahlen. Da hat er gesagt, na, das könntest du jetzt öfters machen. Er hat mir das nahe gelegt. Das habe ich ihm furchtbar verübelt. Ich habe das *beleidigend* gefunden, daß er von mir erwartet, daß ich meinen Kaffee selbst bezahle und gar noch für ihn mit. Das fand ich *unglaublich! Wirklich!* Da bin ich bestimmt nach Hause gegangen und hab gesagt, mit dem nie wieder! Bestimmt! Damals hat man die Verwirklichung seiner Träume, bewußt oder unbewußt, vom Mann erwartet. Alle meine Freundinnen von früher, sind *das* geworden, was der Mann ihnen bieten konnte, sie sind mitgewachsen mit dem Mann in eine Ehe, auch in ein gesellschaftliches Leben, aber sie haben sich darüberhinaus nicht *weiter* entwickelt. Ich habe mich etwas an dem Vergleich Wessely-Negri festgebissen: Es lag weitgehend an der Position des Mannes, welchen Weg man in sich weiter ausgebaut hat. Ich hätte selbst immer mehr zum Typ der Wessely geneigt, trotz aller verwegenen Träume, die man hatte. Schon aus der Erziehung heraus. Ich würde mich selbst verleugnen, wenn ich sagen würde, aus mir hätte auch eine sehr verruchte Frau werden können. Soweit reichte unsere Phantasie gar nicht. Aber immerhin habe ich den Willy Fritsch so geliebt, daß ich mir seine großen Glanzbilder aus den Schaukästen geklaut habe und mit ihnen mein ganzes Zimmer tapeziert habe. Das war damals so ... Unsere einzige Möglichkeit, unsere Gefühle loszuwerden ... In der Schwärmerei für die Filmschauspieler.

Man muß sich ja doch nicht jeden Wunsch erfüllen

Damals wurde auch die *Liebe* und die *Treue* ganz anders bestimmt als heute. Gerade auch die *Treue*. Einen Freund zu haben, war überhaupt nicht denkbar! Wir haben zwar unsere Liebhabereien gehabt, unsere Schwärmereien, aber das ging über die Freundschaft mit den Gymnasiasten nicht hinaus. Alle Männer, solange wir zur Schule gingen, waren *alte* Männer. Wir hatten unsere Promenade in der Stadt. Auf der einen Seite gingen die Gymnasiasten, auf der anderen Seite wir Mädchen. *Treue,* also auch die Enthaltsamkeit, das war uns nicht nur anerzogen, sondern das war unser Ideal. Das haben ja die Filme auch widergespiegelt. Da gab es ja keinen Film, in dem eine, wie man damals sagte, »höhere Tochter« oder ein »anständiges junges Mädchen« etwa mit dem Mann, den sie liebte, intimere Zärtlichkeiten als einen zarten Kuß ausgetauscht hätte. . . Du hättest in diesen Filmen nie einen Liebhaber gesehen, der eine Frau etwa mit besonderer Leidenschaft umarmt hätte. Das hat sich ja damals viel mehr in den Schlagern manifestiert. Die waren ja ganz frech mitunter. Das gabs alles nur in Worten. Zu sehen bekam man das nicht, daß es auch weitergehende Wünsche gab. Das wäre unmöglich gewesen, daß du da zwei Menschen im Bett zusammen gesehen hättest. Bewegend für die ganze Nation war zum Beispiel das Liebespaar Fritsch/Harvey. Du, das stand in Zeitungen, überall . . . Lieben sie sich, werden sie sich heiraten? Die müssen auf die Jugend, gerade was das Ideal der Treue angeht, einen unglaublichen Einfluß gehabt haben. Es interessierten sich einfach alle dafür, was mit den beiden wohl sein mag. Du weißt ja, daß man nachher herausbekam, daß sie sich nicht ausstehen konnten, weil *sie* so impertinent und arrogant und so *irrsinnig* ehrgeizig war. – Der Willy Fritsch war ein Mensch, der das Leben liebte und fröhlich dahin lebte, aber von Ehrgeiz nichts wissen wollte. Er hätte ja in Amerika eine große Karriere haben *können,* aber da hat er gesagt: da müßte ich ja *englisch* lernen! Also ist er hier geblieben, und war *auch* zufrieden. Beide waren bildschöne Menschen, sie war reich, unerhört elegant, er genauso! Sie verkörperten, wie man sich als Backfisch sein Leben erträumt, in Schönheit, Reichtum und Liebe. Die Harvey hatte einen ganz tollen Wagen, da lief ganz Berlin zusammen . . . einen weißen offenen Mercedes, ein Wagen, den es damals noch gar nicht gab. Mit roten Polstern. Die beiden waren stadtbekannt, sie sahen ja in Wirklichkeit genauso aus wie im Film. Und leider sah *sie* als 60jährige immer noch so aus. Sie wollte ja nie ihr Alter wahrhaben. Ich hab sie später dann mal gesehen und mich mit ihr unterhalten, ich hätte heulen können, weil da ein Traum zerfloß. Die beiden hatten Einfluß auf *mich* als ganz junges Mädchen und . . . sicher auch noch auf die alten Jungfern, das auch! Man hat sich im Zusammenhang mit den beiden ein sorgloses, reiches, beschwingtes Leben vorgestellt, ohne Komplikationen. Ein reiches Le-

ben, was es ja nicht gab . . . ich möchte nochmal auf die Treue zurück-
kommen. Da hat der Film ganz bestimmt ein Ideal mit aufgebaut.
Untreue erschien unmöglich. Treue dagegen als ein fast unverrückba-
res Moment. Die Untreue hat sich eigentlich immer bitter gerächt.
Man *wollte* auch gar nicht untreu sein. Man hat vielleicht mal mit dem
Gedanken gespielt, man hat auch mal einen leisen Schauer gefühlt und
hat sich gesagt, Mensch, 'ne andere Mutter hat auch ein schönes Kind
. . . Aber in Wirklichkeit hätte man das nicht getan. Ich kann dir auch
sagen, das habe ich dir ja so oft erzählt, daß meine Tante, diese liebe
gute herrliche Tante H. zu ihrer Tochter gesagt hat, wenn du ein Kind
kriegst, geh *gleich* in die Oder! Komm gar nicht erst nach Hause! Und in
der Richtung gabs natürlich auch Filme, die das gezeigt haben. Ich
erinnere mich noch an den Film »Regine« mit Adolf Wohlbrück, der
für viele stand. Ein Dienstmädchen bekommt ein Kind und nimmt sich
das Leben. In den allerhöchsten Kreisen verreiste die Tochter für ein
halbes Jahr zur Kur und kam dann zart und schlank wieder zurück und
hatte das Kind irgendwo untergebracht. Niemals hätte sich eine Frau
damals zur Untreue bekennen können. Das wäre einfach unmöglich
gewesen. Weder in Arbeiterfamilien noch im bürgerlichen Milieu.
Und da muß ich wirklich sagen . . . Ich weiß, daß ihr heute ganz anders
denkt und trotzdem halte ich mich gar nicht für eine *unmoderne* Frau,
aber dieses stabilisierende Moment hat auf die Lebensweise doch weitgehend einen guten Einfluß gehabt. Ich finde es furchtbar, daß die
Treue heute, ich meine nicht nur die körperliche Treue, sondern die
Treue zum Menschen überhaupt, mehr und mehr an Geltung verliert.
Ich finde, daß das vieles kaputt macht und den Menschen keine Gebor-
genheit mehr vermittelt wird. . . . Unter Treue verstehe ich auch die
Treue zu einer Freundin, die Treue zu euch Kindern. Natürlich gibt es
in jedem Menschen auch Wünsche, etwas Tolles mal *selbst zu erleben,*
aber das bleiben eben ganz geheime Wünsche. Und ich finde fast, das
sollte auch *heute* noch so sein. Der Mensch muß doch auch unerfüllte
Wünsche haben! . . . Man muß sich doch nicht jeden Wunsch erfüllen.
Gut, im Film hat man plötzlich mit den Schauspielern . . . mitgelebt.
Aber man hatte innerlich doch immer das schöne Gefühl: *du* nicht, du
bist ja nicht so. Aber nicht hämisch oder schadenfroh, sondern daß
man die Treue über alles stellte, das war ein nicht nur schönes, sondern
auch ein glückliches Gefühl. Untreu war man nicht, und der Film hat
vorgelebt, wie schön es ist, ein Leben in Treue zu führen: wie schön
man sich gemeinsam dann etwas aufbauen kann. Natürlich ließ der

Film immer nur den Ausblick auf das schöne und gemeinsame Leben zu, er hats ja nie bis zu Ende gezeigt.

Ich meine den Leichtsinn, sich zu verschwenden
und nicht zu fragen, was morgen ist

Es gab Filme wie »Kuhle Wampe« oder »Berlin Alexanderplatz« und ich weiß wohl, daß das Filme waren, die von ihrer sozialen Seite her engagiert waren, aber diese Filme haben uns, glaube ich, nicht so interessiert. Zum Beispiel hieß damals ein sehr berühmter Film »Das Veilchen vom Potsdamer Platz« mit Rotraut Richter. Er hat sicher in seiner sozialen Richtung große Qualitäten, erstmalig vielleicht auch. Aber das hatten wir ja selber, die Einschränkungen. Außerdem waren uns die Schauspieler immer viel wichtiger als der *Inhalt* der Filme. Es *war* einfach so, weißt du? Wir haben vom Film keine Aufklärung erwartet, keine *Hinweise*. . . Wir haben den Film genommen, wie er auf uns zukam und haben ihn dann beurteilt. Er war schön oder er war nicht schön, je nachdem was er uns an unseren Träumen und Wünschen gezeigt hat. Es muß doch auch Dinge geben, die schön sind, weil sie *schön* sind. . ., nicht weil sie notwendig sind. Also, sieh mal, ich finde es zum Beispiel heute noch grauenvoll, Geschenke für die Küche zu bekommen! Ich würde heute beleidigt sein, wenn man mir einen Kochtopf schenkt. Ich würde denken, man hält mich für eine Hausfrau oder ein Heimchen am Herd. Ich wollte immer Sachen haben, die nicht *notwendig* sind. Ich habe als *Geschenk* immer das angesehen, was nicht notwendig war. Es war früher so üblich, daß Kinder zu Weihnachten Strümpfe und Unterhemden geschenkt bekamen, also das hat meine Mutter auch *nie* gemacht! Ich bekam dann eben Puppen oder so. . . Ich könnte jetzt auch an die Nachkriegszeit denken. Da wars dann üblich, *praktische Sachen* zu schenken. Das habe ich immer verabscheut. Die mußte man sich selbst beschaffen. Die hatte man dann eben nicht, oder, wenn man sie dringend brauchte, mußte man einen Weg finden, sie zu beschaffen. Aber sie waren eben kein Gegenstand für ein Geschenk. Wenn ich jetzt mal den Sprung mache, von der Bergner zu dir und dann zu meinem Verhalten, wenn wir da irgendwo eine imaginäre und zarte Linie finden wollten, da muß ich sagen, du hast mich auch immer sehr zum Leichtsinn verführt. Ich habe dir. . . Dinge geschenkt oder ich habe mit dir irgendetwas unternommen, was ich mir gar nicht hätte leisten *können.* Und ich hab *gar nicht* danach gefragt, ich bin ja heute noch so, wie schaff ich denn das *hinterher?* Daß ich das begleichen kann oder wieder gerade ziehen? . . . Da hast du irgendwo, und da muß ich mal eine ganz *kühne* Sache sagen, du hast vielleicht in mir irgendetwas ausgelöst, wie ich es mir *vielleicht,* noch aufbewahrt aus meinen Jungmädchenträumen vom *Mann* gewünscht hätte . . . verstehst du, wie ich meine? Dieses: Es ist zwar nicht *nötig,* aber es ist schön! Ich meine, ich kann nicht sagen, daß ich in meiner Ehe nicht unglaublich viel erlebt hätte, was mehr war als Sattwerden. Aber weißt du, dieses manchmal ein bißchen Verrückte! Was ein vernünftiger Mann dann eben auch nicht macht, wenn er eine ganze Familie mit vier Kindern zu ernähren hat. Aber das ruht ja *doch* noch in einem! Und ich glaube, da bist du irgendwie der auslösende Faktor gewesen. Daß ich einfach leichtsinnig drauflosgewirtschaftet habe . . . das weißt du ja auch. Du hast manchmal Wünsche gehabt, die einfach nicht in unserem Rahmen lagen, die nicht paßten . . . Wo wir sorgen mußten, daß wir wieder alle Betten und alle Möbel zusammenbekamen! Dann hab ich manchmal Geld ausgegeben, Champagner mit dir getrunken, wenn 'ne Flasche Wein gerade noch im Rahmen gewesen wäre. Oder ich hab ganz tolle Blumen gekauft und dir geschenkt oder Schuhe, die nicht nötig gewesen wären. Nur, weil du sie schön gefunden hast! Oder ich bin mit dir ins Theater gegangen und habe, statt wie es damals unserem finanziellen Rahmen angestanden hätte, nicht in der zehnten Reihe mit dir gesessen, . . .ich hab mit dir bestimmt in der ersten Reihe gesessen! Daran müßtest du dich eigentlich gut erinnern können . . . dieses so ein bißchen aus dem Alltag ausbrechen. Ich glaube, das kommt schon aus der Jugendzeit, daß man da so unbefriedigte Wünsche hat. . . . Du regst mich natürlich auch sehr an, über das alles nachzudenken und solche Dinge zu erzählen, ich wüßte kaum einen Menschen, dem ich das so erzählen könnte. . . . Aber du . . . rauchst so viel, ich bin sehr traurig darüber . . . Ich hab dir immer gesagt, weißt du noch, schlaf genug, rauch nicht so viel, trink nicht so viel. Ich wollte immer, daß du schön bist, und ich habe dich immer als ganz eigenständiges Wesen gesehen. Ich habe nie gedacht: *Das* oder *das* hat sie von mir! Ich bin gerade durch *dich* überzeugt, du hast unglaublich viel von dem, was meine Mutter hatte. Du bist ihr sehr ähnlich. Der Leichtsinn. Der Leichtsinn mit sich selbst . . . Ich meine nicht den Leichtsinn, wenn du über die Straße gehst oder Geld ausgibst. Ich meine den Leichtsinn, sich zu verschwenden und nicht zu fragen, was morgen ist, sondern: *heute will ich leben!* Diese Leichtigkeit habe ich nicht. Ich bin doch immer etwas schwerer gewesen. Hier empfinde ich sehr viele Parallelen . . . Sie sind ja umso erstaunlicher, weil meine Mutter . . . so ein besonders schweres Leben gehabt hat. Sie hatte so furchtbar mit dem Alltag zu kämpfen gehabt. Aber sie hat es ja fertiggebracht, wenn wir *morgen* die Miete dringend bezahlen mußten, hat sie *heute* mit mir das ganze Geld verpraßt! Mit Ausgehen, Kleiderkaufen. Das Geld war weg! Du, das hat sie wirklich gemacht . . . und das war das *Herrliche* an ihr! Würde ja jeder vernünftige Mensch sagen, na, das ist eine Familie! . . . Aber wir sind trotzdem immer gut durchgekommen. Es war diese Möglichkeit, über das Alltägliche, über das Erlaubte hinauszugehen . . . Und weißt du, manche Kinder sind heute schon so unglaublich vernünftig, und aus denen werden dann auch diese ganz vernünftigen und ehrbaren Leute, die man so gut finden sollte und die ich so schrecklich finde . . . Trotzdem, die Erziehung dir gegenüber als Tochter war mir ja praktisch vorgeschrieben . . . Ich konnte nicht selbst . . . ausbrechen daraus und sagen, ach laß die doch ruhig, das konnte ich damals noch nicht. Ich kann heute sagen, warum soll jetzt die 17jährige nicht das tun, was sie mit 18 doch tut und es ihr sogar gesetzlich erlaubt ist! So kann ich heute denken! Du sagst, ihr seid erzogen: ehrbar! Das will ich so nicht sagen, das ist ein so furchtbar biederer Ausdruck. Nicht ehrbar, sondern wohlanständig. Das hätte ich mir nie verziehen, wenn ich mich darum nicht bemüht hätte! Weißt du, der Ausdruck »vernünftig sein« fällt mir ein. Erst wenn man älter wird, sieht man in vielen Dingen ein, daß man vernünftig sein *muß.*

Ich bin nie ausgebüchst!

In meinem tiefsten Innern, wenn ich darüber nachdenke, bin ich mein ganzes Leben lang, was man so nennt, ein anständiger Mensch gewesen. Ich bin nie ausgebüchst. Nein, ich glaube nicht . . . Nur in den früheren Jahren. In meiner Ehe . . . bin ich auch nicht auf die Idee gekommen. Ich hab nie wirklich . . . Ich bin nie wirklich in die Situation gekommen, daß ich mich in einen anderen Mann verliebt hätte oder einen anderen Mann gehabt haben wollte. Und wenn es mir so gegangen wäre, hätte ich es mir verboten! Ich hätte dem niemals nachgegeben, und ich hätte mir auch jedes Träumen darüber verboten! Das hätte ich nicht getan! Da hätte ich mich als so untreu empfunden! Aber ich kann ja immer nur von meinem einzelnen Fall reden! Ja, . . . ich war wirklich glücklich in meiner Ehe . . . ich war es wirklich. Ich weiß, ihr wollt das immer nicht glauben, aber . . . ich sage mir, hundertprozentig kann man nicht alles haben, was man *möchte*. Ich habe aber das Wichtigste, das, was für mich wichtig war, in meiner Ehe gehabt. Das war die Liebe und das Glück, die Kinder zu haben. Da bin ich ja sicher ganz rückständig und altmodisch, wie immer du das jetzt nennen willst. Den Trend heute, zu sagen, eine Frau kann *alles* schaffen, sie kann Kinder haben, sie kann einen Beruf haben, einen Mann haben, eigene Weiterbildung . . . alles das, das finde ich, paßt in ein Menschenleben alles gar nicht rein. Und dann finde ich immer, kommen die Kinder einfach zu kurz! Das ist meine Beobachtung. Ja, ich muß dir ehrlich sagen, das Arbeiten mit eurem Vater, das war für uns dringend nötig . . . aber auf der anderen Seite wart *ihr,* die ich *lieben* wollte. Meine Einsicht heute geht da schon wieder weiter. Dies ist einfach so, daß ich sage, *es geht nicht.* Ich glaube in manchem heute, daß es besser gewesen wäre, ihr wärt mit mir zusammen gewesen und nicht mit eurer Großmutter. So lieb wie sie war. Kinder, das sind Menschen, die *werden*, die ins Leben reinwachsen. Für die muß ich das Beste tun, was in meiner Macht liegt, in meinem Können und Wissen. . . . Noch heute könnte ich weinen wenn ich an die Tränen denke und an die Telefonate, die wir dann hatten miteinander, wenn ich mal wieder verreist war. Oder wenn deine Schwester gesagt hat, sie hat mein Nachthemd mit ins Bett genommen . . . Welche Sehnsüchte liegen darin, welches unglaubliche Einsamsein eines Kindes! Mindestens damals hättet ihr die Mutter eben mehr gebraucht. Das sind so die Zwiespälte, die dann auftreten . . . und was du gelesen hast! Ich mache mir heute manchmal Vorwürfe darüber, daß ich das nicht genug kontrolliert habe. Du hast ja schon mit 14, 15 Jahren »Die Elenden« gelesen von Victor Hugo. Dann habe ich bei dir mal ein Buch gefunden über das Lebensgeschick einer jamaicanischen Prostituierten. Ich finde, so junge Menschen sollte man nicht *ängstigen* mit dem Schrecklichen! Auch wenns vorkommt. Aber sie sind noch nicht stabil genug . . . Besser noch einen Mord, wie man ihn im Western sieht, als diese Seelenbloßstellungen. So früh zu sehen, wieviel ungewollte Schlechtigkeit im Menschen angelegt ist! . . . Ich habe zum Beispiel euer Studium immer nur in zweiter und dritter Linie angesehen als wichtig für euren Lebensunterhalt. Der Gedanke, damit werden sie sich auch einmal eine gute Stellung erwerben, war für mich nicht wichtig. Daß es bei deiner Schwester heute doch so gekommen ist, darüber bin ich natürlich froh . . . und ich wünschte mir natürlich, daß du dir *auch* eine großartige Basis schaffen könntest damit. Auch einen anderen Lebensstil als den, den du hast. Ohne Geld und ohne jede Sicherheit. Aber das geht wohl auch wieder auf uranfängliche alte Träume zurück, Träume nach umfassenden Lebensmöglichkeiten. Sieh mal, ich habe mir nie Filme von armen Leuten gerne angesehen. Dazu gehörten wir ja selbst, mehr oder weniger. Wenn du dich zurückerinnerst, habe ich euch immer gesagt, ihr müßt anspruchsvoll sein! Ihr müßt *viel* verlangen, nur dann erreicht ihr viel. Ich habe euch nie in der Richtung erzogen: seid bescheiden, seid ganz lieb. *Das* ist nichts für euch und jenes dürft *ihr* nicht haben, das ist für die *reichen* Leute oder so. Das habe ich nie gesagt, selbst wenn wir euch auch Wünsche nicht erfüllen konnten. Und das waren Erfahrungen, die auf den frühen Film zurückgingen. Ich habe mir nur Filme angesehen, die in der, sagen wirs mal in Gänsefüßchen, großen Welt spielten . . . das hat mich gelockt . . . das wollte ich. So hätte ich auch immer gerne gelebt. Irgendwie habe ich es ja auch erreicht, aber durch die Kriege hat sich ja immer wieder alles geändert.

Wenn du willst, kannst du auch anders leben!

Ich finde diese verfluchte Bescheidenheit entsetzlich! Man muß ja oft bescheiden *sein* . . . ein anständiger Mensch ist es dann eben einfach, wenn es nicht anders geht! Aber von vornherein zu sagen, ach nein, das ist ja nichts für mich, das steht mir nicht zu, du . . . das finde ich entsetzlich. Ich finde das furchtbar, wenn man das jungen Menschen mit auf den Weg gibt. Die Scheinwelt des Films war das erste, was Wünsche geweckt hat und auch miterleben ließ. Weißt du, wenn auch am Rande. Hier liegt der Anfang, das hätte man den Kindern gerne mitgegeben . . . Ich habe natürlich nie direkt gedacht, *so* wie die Bergner oder die Wessely sollen meine Töchter werden. Ich wollte ja eigenständige Persönlichkeiten. Ich wollte ja kein Kind, wies schon mal da war! Aber ich wollte meinen Kindern die Überzeugung mitgeben, daß sie sich eigentlich die Welt erobern können! Wenn ein Krieg kommt, hast du keine Möglichkeiten mehr, dich zu entwickeln. Da mußt du sehen, daß du Kohle und Kartoffeln ranschaffst. Grob gesprochen, nein gar nicht grob gesprochen, denn so ist es dann einfach. Für die Entwicklung eines Menschen find ich so wichtig das Bewußtsein: ich *kann,* ich *kann.* Ich *auch.* Nicht nur die Anderen, die, die es schon haben, sondern ich auch

. . . zum Beispiel meine Freundin sagt, so *ist* unser Leben, so ist es eben und alles andere, das ist doch einfach nichts für uns. Ich habe eben nicht gleich von vornherein gedacht, und mit mir natürlich auch viele andere: Du mußt *so* leben, sondern wenn du *willst*, kannst du auch anders leben. Im Film hat man sich orientiert: aha, so kann man also auch leben. Und dann lags ja an einem selbst, ob man dieses »kann man auch« in »will man auch« umgesetzt hat . . . *Natürlich* habe ich mich nur an den Frauen ausgerichtet. Damals habe ich sicherlich nicht gedacht, ein Mann hat bessere Möglichkeiten, die willst du für dich selber schaffen. Soweit waren wir damals natürlich noch nicht. Das ist ja erst in den letzten 20 Jahren möglich geworden. Ich hab das natürlich eher kennengelernt als andere Frauen, weil ich ja während meiner Ehe selbständig gearbeitet habe. Aber das war natürlich eine Ausnahme. Oder Seltenheit. Man hätte früher nur sagen können, nicht *ich,* sondern *mein Mann* müßte so oder so sein. So wünsche ich mir meinen *Mann.* . . . Ich hab mich mit euch beiden Töchtern sehr gewandelt, hab neue Sachen dazugelernt. Ihr habt mir ja in eurem eigenen Aufbruch ins Erwachsensein häufig sehr heftig eins aufs Dach gegeben. Durch euch habe ich ja die ganze Entwicklung von der Studentenbewegung an miterlebt, mich mit reingedacht und hab mir meine eigenen Gedanken *auch* dazu gemacht. Ich bin viel offener geworden für soziale Ungerechtigkeiten. Darüber kann ich mich wahnsinnig empören. Was mich sehr bewegt, das ist die Justiz bei uns. Ich würde, wenn das ginge, Möglichkeiten der Therapie schaffen. Ich denke oft darüber nach, ob ich nicht einen Weg finden kann, irgendwo in der Gefangenenfürsorge zu arbeiten. Ich weiß nicht, ob ich das kann. Das wäre für mich ganz bestimmt einen Versuch wert. . . . Ich möchte zum Beispiel nie in der Altenfürsorge arbeiten. Mit alten Leuten möcht ich nie etwas zu tun haben, oder sie müßten mir nahestehen. So eine quengelige alte Frau da auf den Topf setzen, das würde ich nie können . . . einem jungen Menschen, der ein Verbrechen begangen hat, dem würde ich gern sagen wollen, daß man vielleicht auch ganz anders leben kann. Ich würde ihn nicht bessern wollen, das ist ein ganz fürchterliches Wort. Ich würde ihn in seinem Unglück unterstützen wollen. Das sind vielleicht nur schöne Gedanken, die man gar nicht umsetzen kann. Ich denke so zum Beispiel an kleine Diebe, an kleinere Delikte, wo Menschen im Gefängnis mehr und mehr verdorben werden durch die *Demütigungen* . . . und dadurch leiden und Schaden nehmen. Ich möchte etwas tun, was über den Rahmen der Familie hinausgeht.

Anmerkungen

Die Magie der Großstadt. Marieluise Fleißer

1 Marieluise Fleißer, »Der Venusberg«, in: *Gesammelte Werke*, Bd. 3, Frankfurt 1972, S. 255.
2 A.a.O., S. 252.
3 A.a.O., S. 255.
4 Dies., Der Apfel, a.a.O., S. 18 f.
5 Dies., »Aus der Augustenstraße«, a.a.O., Bd. 2, S. 309.
6 Dies., »Frühe Begegnung«, a.a.O., S. 297.
7 Bertolt Brecht, *Schriften zur Literatur und Kunst I. Ges. Werke in 20 Bdn.*, Bd. 18, Frankfurt 1972, S. 51.
8 Siegfried Kracauer, *Die Angestellten, o.O., o.J., S. 65.*
9 Marieluise Fleißer, »Avantgarde«, a.a.O., Bd. 3, S. 118.
10 A.a.O., S. 120.
11 A.a.O., S. 154.
12 Ernst Bloch, »Die Frau im Dritten Reich«, in: *Vom Hasard zur Katastrophe. Politische Aufsätze aus den Jahren 1934-1939*, Frankfurt 1972.
13 Marieluise Fleißer, »Avantgarde«, a.a.O., S. 146.
14 Dies., »Die im Dunkeln«, a.a.O., Bd. 3, S. 291.
15 Dies., »Die Ziege«, a.a.O., Bd. 3, S. 78 f.
16 Walter Benjamin, »Echt Ingolstädter Originalnovellen«, in: *Ges. Schriften*, Bd. 3, Frankfurt 1972, S. 190.
17 Marieluise Fleißer, »Avantgarde«, a.a.O., S. 123.
18 Dies., »Sportgeist und Zeitkunst. Essay über den modernen Menschentyp«, a.a.O., Bd. 2, S. 318 f.
19 Ibid.
20 Dies., »Die Ziege«, a.a.O., S. 76.
21 Dies., »Sportgeist und Zeitkunst«, a.a.O., S. 319.
22 Dies., »Das dramatische Empfinden bei den Frauen«, in: *Die Szene*, Nr. 1, Berlin 1930, S. 8-9.
23 Dies., »Ein Portrait Buster Keatons«, a.a.O., Bd. 2, S. 323.
24 Dies., »Findelkind und Rebell. Über Jean Genet«, a.a.O., Bd. 2, S. 328 f.

In den »Wellen« der Wirklichkeit. Virginia Woolf

1 Virginia Woolf, *Die Jahre*, Frankfurt 1979, S. 29.
2 Dies., *Die Fahrt zum Leuchtturm*, Frankfurt 1979, S. 67.
3 Zit. nach Herbert Marder, *Feminism and Art*, Chicago 1968, S. 43.
4 Quentin Bell, *Virginia Woolf*, Frankfurt 1978, S. 64.
5 A.a.O., S. 109.
6 A.a.O., S. 136.

7 John M. Keynes, *Essays in Biography,* London 1972, S. 438.

8 A.a.O., S. 440.

9 Quentin Bell, a.a.O., S. 234.

10 Virginia Woolf, *A Writer's Diary, Being extracts from the Diary of Virginia Woolf,* hrsg. von Leonard Woolf, London 1953, S.

11 Virginia Woolf, *Die Wellen,* Frankfurt 1979, S. 70.

12 Dies., *A Writers Diary.,* a.a.O., S. 80.

13 Zit. nach Herbert Marder, *Feminism and Art,* a.a.O., S. 81.

14 Marcel Proust, *Briefe zum Werk,* Frankfurt 1964, S. 52.

15 Ibid.

16 Virginia Woolf, *A Writer's Diary,* a.a.O., S. 86.

17 Georg Simmel, »Der Fremde«, in: *Das individuelle Gesetz,* Frankfurt 1968, S. 65.

18 A.a.O., S. 69.

19 Friedrich Nietzsche, »Aus dem Nachlaß der Achtziger Jahre«, in: *Werke in Drei Bänden,* München o. J., Bd. 3, S. 626.

20 Ibid.

21 Virginia Woolf, *A Writer's Diary,* a.a.O., S. 207, 180.

22 A.a.O., S. 208.

23 A.a.O., S. 266.

24 Dies., *Die Wellen,* a.a.O., S. 219.

25 Dies., *A Writer's Diary,* a.a.O., S. 145.

26 A.a.O., S. 5

27 Nigel Nicolson, *Portrait einer Ehe,* München 1974, S. 211.

28 Virginia Woolf, *A Writer's Diary,* S. 35.

29 Nigel Nicolson, a.a.O., S. 208.

30 Virginia Woolf, »Augenblicke des Seins« in: *Die Dame im Spiegel,* Frankfurt 1978, S. 124.

31 Dies., »Das Neue Kleid«, in: *Die Dame im Spiegel,* a.a.O., S. 60.

32 Dies., *Die Dame im Spiegel,* a.a.O., S. 109.

33 Dies., *Die Fahrt zum Leuchtturm,* Frankfurt 1979, S. 69.

34 Henri Lefebvre, *Kritik des Alltagslebens,* München 1975, Bd. 3, S. 48.

35 Virginia Woolf, *Ein Zimmer für sich allein,* Berlin 1978, S. 61.

36 A.a.O., S. 69.

37 A.a.O., S. 101.

38 A.a.O., S. 79.

Weiblichkeit als Anagramm. Unica Zürn

1 Jean-François Rabain, »Zu Unica Zürn: Der Mann im Jasmin«, in: Unica Zürn, *Der Mann im Jasmin. Eindrücke aus einer Geisteskrankheit.* Frankfurt 1977, S. 190.

2 Laure (Colette Peignot), »Die Geschichte eines kleinen Mädchens«, in: *Schriften,* München 1980, S. 14.

3 A.a.O., S. 16.

4 Unica Zürn, *Der Mann im Jasmin,* a.a.O., S. 36 f.

5 Jean-François Rabain, a.a.O., S. 193.

6 Unica Zürn, a.a.O., S. 12.

7 A.a.O., S. 20.

8 Dies., *Dunkler Frühling,* Hamburg, o.J. S. 71.

9 Michel Leiris, »Das Heilige im Alltagsleben«, in: *Die eigene und die fremde Kultur,*

Ethnologische Schriften, hrsg. von Hans-Jürgen Heinrichs, Frankfurt 1977, S. 234.

10 A.a.O., S. 236 f.

11 Unica Zürn, *Dunkler Frühling,* a.a.O., S. 9.

12 André Breton, *Die Manifeste des Surrealismus,* Hamburg 1968, S. 37.

13 Jean-François Rabain, a.a.O., S. 191.

14 Unica Zürn, *Dunkler Frühling,* a.a.O., S. 21.

15 Jean-François Rabain, a.a.O., S. 191.

16 Henri Michaux, *Dichtungen, Schriften,* hrsg. von Paul Celan, Frankfurt 1966, S. 481.

17 Unica Zürn, *Im Staub dieses Lebens, 63 Anagramme,* Berlin 1980, S. 63.

18 Dies., *Dunkler Frühling,* a.a.O., S. 13.

19 Jean-François Rabain, a.a.O., S. 190.

20 Jean Starobinski, *Wörter unter Wörtern, Die Anagramme von Ferdinand Saussure,* Frankfurt 1980, S. 81.

21 A.a.O., S. 127.

22 Henri Michaux, a.a.O., S. 473.

23 Hans Bellmer, »Kleine Anatomie des körperlichen Unbewußten«, in: *Die Puppe,* Frankfurt 1976, S. 90.

24 Jean-François Rabain, a.a.O., S. 191.

25 Ibid.

26 Karin Petersen, »Essen vom Baum der Erkenntnis«, in: *Die Überwindung der Sprachlosigkeit, Texte aus der neuen Frauenbewegung,* hrsg. von Gabriele Dietze, Darmstadt 1979, S. 73.

27 Raymond Roussel, »Wie ich einige meiner Bücher geschrieben habe«, in: *Raymond Roussel. Eine Dokumentation,* hrsg. von Hanns Grössel, München 1977, S. 78.

28 Michel Leiris, »Konzeption und Realität bei Raymond Roussel«, in: *Raymond Roussel,* a.a.O., S. 15.

29 Michel Foucault, »Schwelle und Schlüssel«, in: *Raymond Roussel,* a.a.O., S. 124.

30 Raymond Roussel, a.a.O., S. 86.

31 Jean Cocteau, *Opium. Ein Tagebuch,* München 1968, S. 91.

32 Jean Starobinski, a.a.O., S. 130.

33 Unica Zürn, *Der Mann im Jasmin,* a.a.O., S. 18.

34 Dies., nach: Ruth Henry, *Der Mann im Jasmin. Aufzeichnungen aus einer Geisteskrankheit,* Manuskript Norddeutscher Rundfunk, 5.7.1977, S. 11.

35 Dies., *Der Mann im Jasmin,* a.a.O., S. 18.

36 A.a.O., S. 89.

37 Ibid.

38 A.a.O., S. 80.

39 A.a.O., S. 78.

40 A.a.O., S. 79.

41 Henri Michaux, a.a.O., S. 259.

42 Jean-François Rabain, »Les Anagrammes d'Unica Zürn«, in: *La Femme Surréaliste. Obliques,* No. 14-15, Paris 1978, S. 259.

43 Ruth Henry, »Begegnung mit Unica Zürn«, in: *Der Mann im Jasmin,* a.a.O., S. 201.

44 Unica Zürn, *Der Mann im Jasmin,* a.a.O., S. 145.

45 A.a.O., S. 25.

46 Ruth Henry, »Le Printemps Noir d'Unica«, in: *La Femme Surréaliste,* a.a.O., S. 259.

47 Ibid.

48 A.a.O., S. 260.

49 Die Anagramme »Der Geist aus der Flasche«, »Euer Tag heißt: hart« sind abgedruckt in: *Der Mann im Jasmin,* a.a.O.; »Aus dem Leben eines Taugenichts« und

»Ich streue das weiße Nichts« in: *Hexentexte,* Berlin 1954; alle anderen Anagramme sind abgedruckt in: *Staub des Lebens. Dreiundsechzig Anagramme,* Berlin 1980.

Die amerikanische Tochter. Sylvia Plath

1 Sylvia Plath, »Ocean 1212 – W« in: *Johnny Panic and the Bible of Dreams and other prose writings,* London 1977, S. 130.
2 A.a.O., S. 123.
3 Dies., *Briefe nach Hause 1950-1963,* München 1979, S. 16.
4 Dies., *Ariel, Gedichte,* dt. von Erich Fried, Frankfurt 1974, S. 31, S. 167,
5 Dies., »America! America!«, in *Johnny Panic . . .* a.a.O., S. 41.
6 A.a.O., S. 42.
7 Dies., *Briefe nach Hause,* a.a.O., S. 179.
8 A.a.O., S. 213.
9 A.a.O., S. 407.
10 Paula Rotholz, »For Sylvia«, in: Edward Butscher, *Sylvia Plath, The Woman and the Work,* New York, S. 97.
11 Sylvia Plath, »Totem«, in: *Ariel,* a.a.O., S. 157.
12 Dies., *Die Glasglocke,* Frankfurt 1977, S. 7.
13 A.a.O., S. 140.
14 Dies., *Briefe nach Hause,* a.a.O., S. 185.
15 Dorothea Krook, in: Edward Butscher, a.a.O., S. 51.
16 Sylvia Plath, »Cambridge Notes«, in: *Johnny Panic . . .,* a.a.O., S. 214.
17 Sylvia Plath, *Briefe nach Hause,* a.a.O., S. 283 f.
18 A.a.O., S. 325.
19 Clarissa Roche, »Vignettes from England«, in: Edward Butscher, a.a.O., S. 82.
20 Sylvia Plath, in: *Johnny Panic . . .,* S. 15.
21 Paula Rotholz, a.a.O., S. 97.
22 Sylvia Plath, »Der Rivale«, in: *Ariel,* a.a.O., S. 105.
23 Clarissa Roche, in: Edward Butscher, a.a.O., S. 85; A. Alvarez, *Der grausame Gott. Eine Studie über den Selbstmord.,* Frankfurt 1980, S. 17.
24 Sylvia Plath, *Briefe nach Hause,* a.a.O., S. 507.
25 Dies., *Johnny Panic . . .,* a.a.O., S. 14.
26 Clarissa Roche, in: Edward Butscher, a.a.O., S. 90.
27 Edward Butscher, a.a.O., S. 26.
28 Sylvia Plath, »Kleine Fuge«, in *Ariel,* a.a.O., S. 145.
29 A.a.O., S. 143.
30 Dies., »Gulliver«, a.a.O., S. 75.
31 Dies., *Briefe nach Hause,* a.a.O., S. 265.
32 Henry Ford, *Das große Heute, das größere Morgen,* Leipzig, o.J., S. 339.
33 Sylvia Plath, »Mohnblumen im Oktober«, in: *Ariel,* a.a.O., S. 48.
34 Dies., »Morgenlied«, a.a.O., S. 10.
35 Dies., »Ulme«, a.a.O., S. 39.
36 Virginia Woolf, *Orlando,* Frankfurt 1977, S. 21 f.

Die Berge und die Patriarchen. Leni Riefenstahl

1 Leni Riefenstahl, *Schönheit im Olympischen Kampf,* Berlin 1937, Einleitung.
2 Dies., *Kampf in Eis und Schnee,* Leipzig 1933, S. 10.
3 Ibid.
4 A.a.O., S. 41.
5 A.a.O., S. 25. »Diese trotzige Landschaft im Zeichen des Matterhorns ist überwältigend. Voller Sehnsucht blicke ich hinauf zum Gipfel des Matterhorns, des Monte Rosa und des Weißhorns, und es zieht mich unwiderstehlich nach oben.« (ibid.)
6 A.a.O., S. 24.
7 Susan Sontag, »Leni Riefenstahl oder die bleibende Faszination faschistischer Kunst«, in: Die Zeit, 2. und 9. Mai 1975.
8 Ulrike Prokop, *Weiblicher Lebenszusammenhang. Von der Beschränktheit der Strategien und der Unangemessenheit der Wünsche,* Frankfurt 1977, S. 184.
9 Luce Irigaray, *Speculum. Spiegel des anderen Geschlechts,* Frankfurt 1980, S. 159. »Für die Frau war und bleibt es das narzißtische Ideal, der Mann zu sein, der zu werden sie gewünscht hatte. Um zu verführen, reicht es für ihn aus, dem perfektesten Bild von sich selbst zu genügen, so narzißtisch zu sein wie möglich, ein › absolutes‹ Modell des Narzißmus – das die Frau durch ihre ›eigene‹ narzißtische Projektion stützt.« (a.a.O., S. 133.)
10 Joseph Goebbels, »Deutsches Frauentum« in: *Signale der Neuen Zeit,* München 1938, S. 119.
11 Georges Bataille, *Die psychologische Struktur des Faschismus. Die Souveränität,* München 1978, S. 17. »Es mag bizarr erscheinen, daß jeder von uns in seiner begrenzten Tätigkeit im wesentlichen damit beschäftigt ist, sich der königlichen Sphäre zu nähern. Was die Masse anzieht, ist die Existenz einer Region, in der das menschliche Wesen souverän handelt. Deshalb ist die Geschichte der Souveräne die Geschichte der Menschheit auf der Suche nach ihrem Zweck.« (a.a.O., S. 49 f.)
12 Alfred Rosenberg, *Vom Mythos des Zwanzigsten Jahrhunderts,* S. 521.
13 Joseph Goebbels, »Die Deutsche Kultur vor neuen Aufgaben«, a.a.O., S. 324.
14 Zit. nach Glenn B. Infield, *Leni Riefenstahl, The Fallen Film Goddess,* New York 1976, S. 15.
15 Leni Riefenstahl, *Kampf in Eis und Schnee,* a.a.O., S. 67.
16 Susan Sontag, a.a.O.
17 Ria Endres, *Am Ende angekommen, Dargestellt am wahnhaften Dunkel der Männerportraits des Thomas Bernhard,* Frankfurt 1980, S. 40.
18 »Leni Riefenstahl«, *Filmkritik,* 16. Jahrg. München 1972, S. 401.
19 Zit. nach Glenn B. Infield, a.a.O., S. 73.
20 Leni Riefenstahl, *Die Nuba. Menschen wie von einem anderen Stern,* München 1973, S. 10.
21 A.a.O., S. 7.
22 Dies., »Notizen zu »Penthesilea««, in: *Filmkritik,* a.a.O., S. 416 f.

Metropolitan Lady. Marlene Dietrich

1 Marlene Dietrich, *ABC meines Lebens,* Berlin 1963, S. 67.
2 Josef von Sternberg, *Erinnerungen,* Hannover 1967, S. 251.

3 Marlene Dietrich, »Das war meine Kindheit«, in: *Magazin der WELT AM SONNTAG, Dezember 1976.*
4 Ibid.
5 Franz Hessel, *Marlene Dietrich,* Berlin 1931, S. 2.
6 Simone de Beauvoir, *Das andere Geschlecht. Sitte und Sexus der Frau,* Hamburg 1968, S. 256.

Ein Gesicht aus der Fremde. Greta Garbo

1 Franz Blei, »Die göttliche Garbo«, in: Mae West, *Greta Garbo,* München 1978, S. 121.
2 Roland Barthes, »Das Gesicht der Garbo«, in: *Mythen des Alltags,* Frankfurt 1974, S. 73.

Textnachweise

Metropolitan Lady. Marlene Dietrich. Erweiterte Fassung des Aufsatzes »Metropolitan Lady. Utopische Masken des Weiblichen«, erschienen in: *Marlene Dietrich. Dokumente, Essays, Filme,* Teil 2, zusammengestellt von Werner Sudendorf, Carl Hanser Verlag, München 1978, S. 7-14.

Ein Gesicht aus der Fremde. Greta Garbo. Erschienen unter dem Titel »Die allgemeine Idee des Weiblichen« in *Greta Garbo.* Reihe Film 16. Herausgegeben von Peter W. Jansen und Wolfram Schütte, Carl Hanser Verlag, München 1978, S. 101.

Kino-Schatten. »Reiches Leben, das es sonst nicht gab«. Ein Gespräch zwischen Mutter und Tochter. Erschienen unter diesem Titel in: *Frauen und Film,* Nr. 17, September 1978. Herausgegeben von Helke Sander. Rotbuch Verlag, Berlin, S. 6-23.

Die Anagramme von Unica Zürn auf den Seiten 52-54 entnehmen wir dem Band *Im Staub des Lebens.* Dreiundsechzig Anagramme von Unica Zürn, Berlin 1980, Alpheus Verlag.

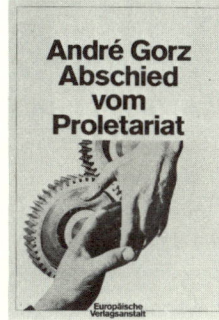